学都金沢形成の様相

—— 近代日本官立高等教育機関の設置過程 ——

谷本　宗生 [著]

成　文　堂

は し が き

　本書は、筆者の学位論文『近代日本官立高等教育機関設置の研究——金沢にみる設置過程を通して——』（金沢大学、2007年9月授与）の内容を基に一部加筆し、刊行助成を得て取り纏めたものである。明治初期の学制期から昭和戦後の新制教育以降期までを研究対象とし、官立高等教育機関群が金沢に設置されて来た過程を追求し、北陸金沢という都市に「学都」という歴史的な側面があり、学都金沢の形成過程の詳細を明らかにしたといえる。

　本書を刊行するに至ったのは、筆者が10年以上勤務した東京大学史史料室（現、東京大学文書館）から大東文化大学東洋研究所・大東文化歴史資料館に移ったことを機として、自身の研究遍歴を原点回帰であらためて振り返り論考を執筆したことが大きい。それは、「私の大学史編纂・大学史研究の遍歴と大東文化歴史資料館での私の役割」南山アーカイブズ『アルケイア——記録・情報・歴史——』第9号（2015年3月）である。筆者は、卒業論文で『明治10年代の大学政策』（中央大学文学部所蔵）を、修士論文で『森文政期の大学政策』（日本大学大学院文学研究科所蔵）を取り上げ、自身の研究生活をスタートする。大学院博士課程を満期退学後、3年間余り金沢大学で「大学50年史」編纂に専任助手として従事し、『金沢大学50年史』部局編（1999年）・通史編（2001年）を刊行する。新制国立大学の設立50周年にあたる1999年を編纂目処にして、幕末から明治初期の前身各学校の設立変遷を追いながら、戦後改革期に新制国立大学の金沢大学となり、戦後以降地域の基幹総合大学となって発展していく様相を明らかにしたものといえよう。その編纂をとおして、筆者は戦前期から北陸帝国大学設立構想があり、中央政府にも十分評価されていた幻の帝国大学構想であったことを確認する。それが敗戦後の戦後改革期に、どの地域よりもいち早く総合大学の設立を地域挙げて動き出すことができた主要因であったものと思われる。この点は、一個別大学の「五十年史」の特色にとどまらず、日本の大学史・高等教育史研究、地域教育史研究としても画期的な動きであったことを、大学史編纂以後に筆者は学位論文のテーマとして考察し纏める。

ii

　筆者は、「大学50年史」編纂以後、金沢大学を退職して金沢の地を離れたが、幸い金沢大学資料館の客員研究員に就任し現在に至る。「大学50年史」編纂時に調査収集した前身学校資料や新制大学創設時の学校資料群は、創立記念事業をともに行っていた学内の大学資料館に移管される。筆者も本書のなかで用いた貴重な資料の多くもそこに収められている。現在、金沢大学資料館のホームページからも、それら所蔵関係文書資料群の検索が可能である。一般利用者に対しても、利用請求に応じて資料館の判断に基づきできる限り公開対応している。個別大学史編纂の「後始末」などと揶揄されていた時代から、大学史・教育史研究を始めとしたさまざまな学術研究利用にも堪え得る本格的な大学アーカイブやミュージアムがいよいよ台頭して来たのであろう。

　最後に、金沢大学での研究指導では学位論文として取り纏めるよう根気強く叱咤激励していただいた大久保英哲先生、江森一郎先生らにたいへんお世話になり感謝申し上げたい。

　また1880年代教育史研究会でご指導いただいた荒井明夫先生や神辺靖光先生、田中智子先生ら研究会メンバーにも、怠惰に直ぐなりやすい自分につねに知的な刺激を与えていただき感謝している。そして、現在も継続的に活動を続け発刊している「現代の大学問題を視野に入れた教育史研究を求めて」ニューズレターの、冨岡勝先生や小宮山道夫先生を始めとする同人らにも、ほんとうにお礼をいわなければならない。金沢大学附属図書館、金沢大学資料館、東京大学文書館、東京大学駒場博物館、東京大学教育学部図書室、野間教育研究所、旧制高等学校記念館、大東文化歴史資料館など数多くの関係施設にも多大なるご尽力をいただいたことも絶対に忘れてはならないだろう。そして、このたび本書刊行の機会を筆者に与えていただいた大東文化大学・大東文化学園、出版社の成文堂には感謝申し上げたい。

＊本書は、平成29年度大東文化大学特別研究費（研究成果刊行助成）による刊行物である。

2016年9月　徳丸研究棟研究室にて

大東文化大学　谷 本 宗 生

目　次

はしがき

序　章

第1節　近代日本の「高等教育」をいかに考えるか …………………… 1

第2節　先行研究の分析評価 ………………………………………… 7

第3節　内容構成 ……………………………………………………… 14

第1章　「学都」金沢形成の端緒──第四高等中学校の設置過程──

第1節　「学都」金沢の位置 ………………………………………… 19

第2節　明治初期の高等教育状況──第四高等中学校前史── ……28

第3節　第四高等中学校の設置過程 ………………………………… 35

第4節　第四高等中学校の運営経費問題 …………………………… 43

第5節　第四高等学校と金沢医学専門学校の分離 ………………… 51

第2章　大正期の高等教育機関の設置過程

第1節　北陸帝国大学構想の提唱 …………………………………… 57

第2節　金沢高等工業学校の設置過程 ……………………………… 63

　（1）石川県の基幹産業・金沢の繊維業　63

　（2）石川県立工業学校の位置　68

　（3）高等工業学校の設置過程　71

第3節　金沢医学専門学校の大学昇格 ……………………………… 84

第3章　戦時体制の高等教育機関の設置過程

第1節　非常時から戦時動員体制への動き ………………………… 91

　（1）1930年代前半における地域社会の動き　91

　（2）1930年代後半以降の国家総動員へ向けての動き　95

iv　目　次

　　第2節　科学技術教育への影響 ……………………………………… 100

　　　　（1）臨時附属医学専門部の設置　100

　　　　（2）金沢高等工業学校の拡充　103

　　第3節　金沢高等師範学校の設置過程 ……………………………… 111

第4章　新制国立大学の設置過程

　　第1節　新制国立大学設置までの政策的な動き ………………… 121

　　第2節　北陸総合大学構想にみる地域社会の動き ……………… 128

　　第3節　新制国立金沢大学の設置過程 …………………………… 138

　　第4節　地域社会と国立大学——法人化の国立大学の動き—— … 148

終　章

　　第1節　本書の要約 ………………………………………………… 153

　　第2節　研究の成果 ………………………………………………… 159

　　第3節　今後の課題——研究の可能性—— …………………… 163

　　　　（1）誘致主体と誘致活動の背景　163

　　　　（2）他都市との比較分析　164

索　引

序　章

第1節　近代日本の「高等教育」をいかに考えるか

　1990年代以降、大学設置基準の大綱化や教養部の廃止に象徴されるように、日本の大学改革の気運は高揚した。大学の自己点検や外部評価、大学院の重点化、大学教育の開発改善など、様々な課題に対する取り組みが、今日に至るまで試行錯誤を繰り返しながら進められている。さらに90年代後半以降になって、国の規制緩和策の下で進められてきた行政改革の流れを受けて、国立大学の法人化を含む大学全体の構造改革へと発展していった。2004年4月、戦後の教育改革によって生まれた国立大学は国立大学法人化され、「経営」といった観点から県域を越えた大学の再編・統合、競争原理に基づく運営費交付金の配分評価、国際競争力のある大学への試みなども検討されている。まさに今、長期的な視野のもと、日本の大学・高等教育が有する歴史的な構造や機能を解明・検証し、現在の大学改革などに新たな知見や展望を示唆しうるような、大学史・高等教育史研究が必要とされる。

　高等教育（Higher Education）とは、教育システムにおける中等教育以後の（Post Secondary）の教育を指すものと考えられる。ただし、その内実や該当機関については、近代日本において当初から明確に確定されていたとはいえない。この背景には、後発の近代国家ゆえに、中等教育以下の教育システムを整備確立するまでに、相応の時間が必要であったことが指摘できる[1]。また全体としてみて、それぞれの目的や機能に応じた「個別の学校の寄せ集めのような学校体系であった」[2]ことが、高等教育などの階梯区分の限定しに

（1）　谷口琢男『日本中等教育改革史研究序説』1988年、第一法規出版。米田俊彦『教育審議会の研究　中等教育改革』（『野間教育研究所紀要』第38集）1994年。土方苑子『東京の近代小学校　「国民」教育制度の成立過程』2002年、東京大学出版会、等参照。

くさの要因となっているという見解もある。

近代日本における「高等教育」の枠組みとして、国立教育研究所編『日本近代教育百年史』第3～6巻（1974年）の記述に代表されるとおり、大学予備教育、大学教育、専門学校教育といった分類区分が挙げられる。実質的な大学予備教育機関として機能した高等学校・大学予科は、高等普通教育を行う機関として位置した。高等学校・大学予科を卒業した者は大学へと進学するルートが形成され、それ以外の者には中等教育修了後、特定の専門知識や技術を教授する、また時に教養教育も行う専門学校へ進むルートが存在した。このように、近代日本における高等教育は、大きくみて高等学校・大学予科——大学というルートと専門学校というルートからなる二重構造をなし、官・公・私立の枠組みがそれを規定したといえる[3]。さらに、大学と専門学校の関係には、大学の補完的な機能を専門学校が果たしたという実態がある。それは、高等学校・大学予科——大学というルートから基本的に排除された女性の高等教育機会を専門学校が担ったことなどからもうかがえよう。1930年頃には、高等教育機関における全在学生に占める女子学生の割合は約2割に達し、その内の8割近くが私立の専門学校に在学していたのである[4]。また、工業や商業などの実業専門学校は、その実績も評価されて大学の専門学部に準ずる程度の専門教育機関として、社会的に認知されていた。

近代日本教育史において、「高等教育」という枠組みをどのように捉えるのかは、重要な研究課題である。大正期の「高等教育機関拡張計画」には、政策上高等師範学校は含まれていなかった。しかし、高等師範学校はこの時期を境に「大学」昇格への活動を展開していく[5]。1930年代以降になると、政策上では高等専門諸学校の中に教員養成機関も含まれるようにみなされた。また、戦間期の学制改革論議では、高等教育の一元化問題として、高等学校・大学という系統と専門学校の系統とを、「大学」制度にいかに一元的

（2）米田俊彦「学校体系の変遷　総説」『現代教育史事典』2001年、東京書籍、37頁。
（3）天野郁夫『旧制専門学校　近代化への役割を見直す』（日経新書）1978年、日本経済新聞社。天野郁夫『近代日本高等教育研究』1989年、玉川大学出版部、等参照。
（4）谷本宗生「ジェンダー問題と女子教育」北野秋男編『わかりやすく学ぶ教育制度——課題と討論による授業の展開——』2003年、啓明出版、155～156頁。
（5）東京文理科大学『創立六十年』1931年。

に統合するかといった問題も挙げられたが、明確な政策対応は結果的には見送られたといえる[6]。戦後を迎えて、六・三制のもと旧制の高等専門諸学校が包括・統合されて新制大学が設置され、中等教育以後の学校教育もようやく一般化されるようになった。教育基本法の精神に基づいて、小・中学校の9年間を義務教育年限と定め、戦前期に区別されていた中学校・高等女学校・実業学校といった中等教育機関と国民学校高等科・青年学校の系統を、新制中学校に一元化し、一部の男子に限定されていたエリート養成機関であった旧制高等学校を廃止し、新制高等学校や新制大学を国民に等しく開かれるものとした。義務教育以後の新制高等学校への進学率も、1970年代には9割を超え、高等学校進学は準義務化の様相を帯びていくことになる。新制大学（短期大学も含む）への進学率も、高度経済成長の影響を受けて、1960年に10.3％、1970年に23.6％、1980年に37.4％、1990年に36.3％、2000年に49.1％と上昇し、日本の高等教育も大衆化時代を迎えた[7]。「高等教育」という考え方は、戦後の六・三・三制の教育制度が導入・定着して以後、男女の進学率が上昇する大衆化過程を迎えて、ようやく社会制度として認知されたといえるのではないだろうか。

　筆者の見解では、近代日本の「高等教育機関」の基本的な範囲は、大学、旧制専門学校（実業専門学校を含む）、大学予科、旧制高等学校、高等師範学校、女子高等師範学校、師範学校が該当するものと考える。ただし、日本教育史研究では通例として高等師範学校、女子高等師範学校、師範学校については、師範教育史・教員養成史として扱われる傾向がみられる[8]。教員の養成を行うという学校としての位置・役割・機能に、とくに着目した研究分類であろう[9]。しかし、戦後の新制大学設置にあたっての旧制高等教育機関の

（6）米田俊彦『教育審議会の研究　高等教育改革』（『野間教育研究所紀要』第43集）2000年。
（7）谷本「学校歴偏重から生涯学習への移行」北野秋男編：前掲（4）、56〜57頁。
（8）文部省『学制五十年史』（1922年）や『学制七十年史』（1942年）では、同様な傾向を指摘できる。海後宗臣が編纂を行った『学制七十年史』では、初等教育史・中等教育史・高等教育史・師範教育史といった区分をしている。
（9）たとえば、逸見勝亮『師範学校制度史研究——一五年戦争下の教師教育——』（1991年、北海道大学図書刊行会）では、近代日本の教育体制において師範学校へのルートが、帝国大学などへの高等専門教育ルートと基本的に峻別され、閉じた「国民教育体系」であったことが重大であるとする。

包括・統合や大学における教員養成の在り方、大学・高等教育の社会的な機能の広がりといった観点などを考慮すると、大学史・高等教育史から十分捉え直す必要性もあると判断される[10]。1872年の「学制」発布以降、主権国家として速やかに国家統合と国民形成をはかるため、公教育を制度化していくいっぽうで、産業革命に基づく近代資本主義体制の構築を目指し、国策上有用とされる労働力（人材）の円滑で恒常的な供給・育成のため、高度で専門的な教育と実務性を重視した実業的な教育を推進していくことになる。大学をはじめとした近代日本の高等教育機関は、専門的な実用性を重視した人材配分機能を実態として果たしたといえる。

　近代日本の高等教育をみれば、中等教育修了者の進学要求と地方や産業界からの社会的なニーズ・需要が、教育政策や教育制度に影響を与えたものと推測される[11]。とくに、全国に僅かにしか配置されない官立高等教育機関

---

(10) 川村肇「東京帝国大学教育学科の講座増設に関する一研究（一）——中等教員養成史および教育学説史と東京大学——」東京大学史料の保存に関する委員会『東京大学史紀要』第10号、1992年。船寄俊雄『「大学における教員養成」の歴史的研究——師範大学論争を中心として——』教育史学会『日本の教育史学』第37集、1994年。船寄俊雄『近代日本中等教員養成論争史論——「大学における教員養成」原則の歴史的研究——』1998年、学文社。山田浩之『教師の歴史社会学——戦前における中等教員の階層構造——』2002年、晃洋書房。TEES研究会『「大学における教員養成」の歴史的研究——戦後「教育学部」史研究——』2001年、学文社、等参照。
　　高等師範学校・文理科大学・帝国大学の中等教員養成における対立・葛藤関係について、船寄俊雄は教員養成史研究の理論的課題の中で、横須賀薫の主張を例に挙げながら、教員養成を「機能」として捉えるのではなく「領域」として捉える立場を主張している。教育大学や教育学部・同学科以外で行われるような教員養成を前提とした「機能」論よりも、あくまで教員養成の大学や学部・学科といった「領域」を重視する立場である。船寄によれば、教職を履修し教員免許状を取得しても、実際の採用枠が少ないため教員になれない場合も多々あり、今日の状況からすると「機能」論の立場では、機能不全＝教育大学や教育学部・学科の不要論を招きかねないと警告する（船寄俊雄「教員養成史研究の課題と展望」日本教育史研究会『日本教育史研究』第13号、1994年）。
　　筆者は、教員養成におけるアカデミズム志向と教職教養志向との関係構図は、他の学問分野においても同様に指摘できるのではないか、それは近代日本の高等教育機関が発展していく過程、専門学校から大学への昇格化などで必然的に表出されるものではなかったのかと仮説的に考えている（谷本宗生「大学史・高等教育史研究の課題と展望」『日本教育史研究』第21号、2002年）。
(11) 高等教育政策史の政治過程については、近年次のような代表的な研究が挙げられる。羽田貴史「明治国家の形成と大学・社会——初期議会の予算論争と帝国大学独立問題——」広島大学大学教育研究センター『大学論集』第27集、1998年。中野実「帝国大学創設期に関する史料と文相森有礼——『帝国大学体制』の形成に関する試論的考察——」日本教育学会『教育

序章　5

の設置は、文部省の政策判断と地域社会の教育政策、設置を希望する地域間の競合関係などが交錯した「設置過程」[12]を呈した。中央政府が高等教育を機械的に策定し、地方が単純にこれを履行するという、平板な支配と服従の関係ではなかった。文部省によるトップダウン方式（中央政策が全国各地に貫徹浸透すること）が政策上すべてではなく、当然ながら地方の地域社会からのボトムアップといった側面も重要視される[13]。地元関係者らは、出身子弟の教育機会の保証、地域産業・地域文化の発展向上、地元の文化的な威信・象徴の獲得をかけて、官立高等教育機関の誘致活動を展開していった[14]。文部省は、官立高等教育機関の設置にあたって、政策上大綱的な指示（青写真の掲示）にとどめ、誘致を希望する地域や学校の自主性にできる限り委ねる姿勢をみせた。高等教育機関の設置にかかる敷地・建物・設置費用を地域から自主的に国に提供させるように、地元地域の誘致熱を巧みに喚起・利用し、官立の高等教育機関を全国的に設置配備していくことになる[15]。官・

　学研究』第66巻2号、1999年。伊藤彰浩『戦間期日本の高等教育』1999年、玉川大学出版部。米田俊彦『教育審議会の研究　高等教育改革』（『野間教育研究所紀要』第43集）2000年。佐々木啓子『戦前期女子高等教育の量的拡大過程——政府・生徒・学校のダイナミクス——』2002年、東京大学出版会。吉川卓治『公立大学の誕生——近代日本の大学と地域』2010年、名古屋大学出版会、等参照。
(12) 様々な個人や集団の利害対立と調整統合の過程と捉えられる（宮本太郎「政治過程（political process）」猪口孝・大澤真幸・岡沢憲芙・山本吉宣・スティーブン・R・リード編『政治学事典』2000年、弘文堂、580～581頁）。
(13) 羽田貴史「戦後大学史記述のポイント」『広島大学史紀要』第2号、2000年、31～42頁。
(14) 伊藤彰浩：前掲書、24頁。
(15) 京都以降に設置された戦前期の後発帝国大学も、設置費用や敷地などをはじめ、地方の誘致活動を介して設置されたものであったといえる。
　鎌谷親善「大阪帝国大学の形成——理学部と産業科学研究所——」大阪大学五十年史資料・編集室『大阪大学史紀要』第4号、1987年、25～66頁。
　「第一次大戦を契機にして生れた基礎科学を重視した研究体制の構築や教育機関の拡充、さらには産学協同体制の進展といった流れのうえに、これらを統合したところに阪大の設立は実現しているのである。そのさい、後発帝大・学部の設置にさいして採られた地元自治体の誘致建議案の可決やその創設費の地元負担という、明治期以来の伝統的な手法が遵守されている。」（同上書、63頁）。
　勝山吉章「名古屋帝国大学設立事情」名古屋大学史編集室『名古屋大学史紀要』第2号、1991年、89～119頁。
　「名古屋帝国大学は日中戦争の進行下、軍需産業を中心に重化学工業を成長させた愛知県の産業、さらに日本の産業全体に貢献することを期待されて設立されたといえよう。つまり、名古屋帝国大学は国家総力戦体制の完成と国防国家体制の確立等をめざしていた当時の政府の

民挙げての誘致活動の高揚は、介在した中央及び地域関係者らの思惑・利害の交錯であり、結果としてみれば自立した公立の高等教育機関の設置といった選択肢を抑制する形となり、国家における高等教育体制を維持・安定させる調整弁として働いたものと考えられる[16]。それは逆にみれば、官立の高等教育機関が地域社会による誘致活動の結果を経て設置される事情から、地域自らの手で学校をつくるといった公立の要素を多分に含んでいると指摘できる。誘致活動に従事したものにとって、官立の高等教育機関を地元地域に設置することができれば、教育機会の恒常的な確保や地域産業・地域文化の持続的な発展をはかる契機となり、国家の将来的な繁栄にも自ずと寄与できるのではないかと想像された。ここから、高等教育の有用性に対する信頼、大きな願望や期待といったものが読みとれよう。

〈官立高等教育機関数（1945年）〉

学校／県	帝大	医科大	高校	専門学校	高師	師範	青師
新潟		1	1	2		2	1
富山			1	2		1	1
石川		1	1	3	1	1	1
福井				1		1	1

〈公立高等教育機関数（1945年）〉

学校／県	大学	高校	専門学校
新潟			1
富山			
石川			
福井			

『総合国策』のなかで、科学技術の振興と科学技術者の養成を急務として設立されたのである。」（同上書、112頁）。

(16) 日本教育史研究者である佐藤秀夫は、「近代日本の学校観　再考」『教育学研究』第58巻3号

第2節　先行研究の分析評価

　管見の限りであるが、近代日本における官立高等教育機関の設置過程、地域社会の高等教育政策に関して考察言及を行っている主な教育史・歴史学研究として、以下のものを特徴的に挙げたい。

（1）藤原良毅『近代日本高等教育機関地域配置政策史研究』1981年、明治図書出版。

（2）中村隆文「高等教育機関誘致運動」本山幸彦編『京都府会と教育政策』1990年、日本図書センター、603～645頁。

（3）藤原良毅『現代日本高等教育機関地域配置政策史研究』1994年、明治図書出版。

（4）阿部恒久『「裏日本」はいかにつくられたか』1997年、日本経済評論社。

（5）伊藤彰浩「『高等諸学校創設及拡張計画』の成立」『戦間期日本の高等教育』1999年、玉川大学出版部、20～50頁。

（6）ハンス・マーティン・クレーマ「占領期高等教育政策の力学——新制秋田大学の設置をめぐる闘争——」『東京大学大学院教育学研究科紀要』第42巻、2002年、21～32頁。

（1991年）の中で、民衆と国家権力のもたれ合い状況について、次のように指摘している。「権力側の働きかけや気配りだけではなく、民衆の側、とくに都市中間層以上や農山村中流層以上からのかなりの程度積極的な支持・協同が存在し、かつそれを媒介にして一般民衆層からの期待や願望をかちうることにより、日本近代公教育の急速な普及と定着とが可能になった。自己決定権を含む自律・自治の仕組みによって設立維持されるという性格は、日本の近代学校には希薄であったし、今日なおそれは脆弱であるといえる。そのかわりに、国家制度として設立された学校制度に自己の欲求や願望の実現を託し、かつそれらを適えてくれるように制度がある程度機能している限りは、あたかもそれが自分たちのつくり出した制度であるかのようにみなして支持・協同する、こうして国家の制度を『自家薬籠』中に取り込んでいく、という民衆的性格が日本の公教育学校には刻印されていた。権力側も、時に気色ばむ場合もあったとはいえ、大勢としてはこれを容認あるいは積極的に補助する『柔軟さ』をもっていた。学校階梯を通じて階層配分を施行したと評される日本近代の学校体系、それが作り出したとされる学歴重視の社会風潮と過剰なまでの親たちの教育熱心などは、まさにこの日本近代学校のもつ独特の民衆的性格に発出し、かつ強化されたものであった。」（佐藤秀夫『教育の文化史1　学校の構造』2004年、阿吽社、130～131頁）。

（7）神立春樹『明治高等教育制度史論』2005年、御茶の水書房。

　その他、各学校沿革史や地域教育史などがいくつか該当するであろうと思われる[17]。とくに、金沢市や石川県に関する史誌類は先行研究上一定の蓄積があるが、近代金沢の教育・文化にかかわる代表的な教育史の文献としては、石川県教育会金沢支会編『金沢市教育史稿』（1919）や石川県教育史編さん委員会編『石川県教育史』（1974〜1977年）などがある。「石川県の最初の教育史」と評価される『金沢市教育史稿』は、藩学から始まり、小学校、中学校、高等学校、医学校、育英事業、教育会など全19章の沿革と717人の学芸人物誌から構成されている。近代金沢の高等教育機関についても、次に挙げる個別の学校沿革史が主な参考文献であろう。作道好男・江藤武人編『北の都に秋たけて——第四高等学校史——』（1972年）、金沢大学医学部百年史編集委員会『金沢大学医学部百年史』（1972年）、金沢大学工学部50年史編集委員会『金沢大学工学部50年史』（1970年）、『金沢大学十年史』（1960年）。しかし、そのいずれの文献においても、残念ながら地域と高等教育の関係について、長期的な視野で構造的に体系化を試みる分析がなされているものは見当らない。

---

(17) 国立大学法人化以前まで数は少ないが、いくつかの国立大学史では前身校の歴史を取り上げている。岡山大学二十年史編さん委員会『岡山大学二十年史』（1969年）や新潟大学二十五年史編集委員会『新潟大学二十五年史　総編』（1974年）、広島大学二十五年史編集委員会『広島大学二十五年史　包括校史』（1977年）、愛媛大学50年史編集専門委員会『愛媛大学五十年史』（1999年）、金沢大学50年史編纂委員会『金沢大学五十年史　通史編』（2001年）などである。
　多くの国立大学史では、法人化以前まで戦後の新制大学設置を重視するあまり、戦前期の前身校史を意識的に軽視する傾向がみられる（谷本宗生「＜実践報告＞大学史の復権——新制国立大学成立史から——」日本大学教育学会『教育学雑誌』第35号、2000年、16〜24頁）。
　また近年、金沢の一般雑誌（季刊）ではあるが「近古の文化芸術、凛とした文学哲学の土壌が広がる都市空間を個性豊かな大学群のキャンパスが包み込む金沢」（創刊の辞）の道程を現代の都市と大学、地域と大学の関係性から探究・紹介しようという、都市環境マネジメント研究所『学都』（2002年10月創刊）が定期刊行されている。
　なお、国立大学法人化以降の金沢大学創基150年記念事業の一環として、金沢大学創基150年史編纂部会『金沢大学創基150年史』（2012年）や板垣英治『金沢大学資料館紀要創基150年記念別冊　金沢大学の淵源　加賀藩医学館から甲種医学校まで、および石川県啓明学校・石川県専門学校の歴史』（2012年）、金沢大学医学部創立百五十周年記念誌編纂委員会『金沢大学医学部創立百五十周年記念誌』（2012年）などが刊行されており注目されよう。

（1）と（3）の藤原良毅の文献は、近・現代日本における高等教育機関の地域配置と都市化との相関関係を明らかにする目的で、高等教育機関の地域配置がもつ効果について強調している。

　「明治以降における我が国を特色づける趨勢の一つである、いわゆる都市化現象 urbanization が、社会各般に与えた影響は極めて大きなものがあり、もとより、これは教育の領域においても例外ではなく、その顕著な問題の一つを、高等教育機関の特定大都市地域への集中にみることができるのである。高等教育機関の特定大都市地域に対する集中は、一つには、高等教育機関をとりまく大都市の環境条件が非教育的であることを免れない一面があること、他方、高等教育機関の特定大都市地域の集中は、それ自体、いわゆる都市問題 urban problems の深刻化として機能する面があること等の理由から、その是正が必要とされる」[18]

　高等教育機関の地域配置と都市化との相関関係を強調するあまり、残念ながら高等教育機関の地域配置については、設置地域の人口規模別比較といった設置された結果説明のマクロの環境分析に終始している。しかし、明治中期からの帝国議会での地方出身議員らによる高等教育機関の誘致に関する建議・請願等の一覧からは、各時代情勢や建議傾向などを概観することができ、地域の高等教育状況を横断的に考察する上で先駆的な研究である。

　（5）の伊藤彰浩の文献は、戦間期の高等教育の拡大について、新中間層の拡大やそれに伴う中等教育から高等教育への進学要求の高揚とそれを後押しした産業構造の変化を重視するマクロな社会経済分析を評価しながらも、高等教育の拡大をめぐる様々な利害関係の政治過程に注目することを問題提起している。

　「これら社会経済的状況の変化が、オートマティックに高等教育拡大を引き起こしたとも、ダイレクトに拡大をもたらしたとも、考えることは到底できない。両者の間には、さまざまな集団・個人の価値・願望・利益といった諸変数が介在し、それらをめぐるダイナミックな政治過程が存在したに違いないからである。そしてそうした拡大過程の政治学的側面について、従来の

---

(18) 藤原良毅『現代日本高等教育機関地域配置政策史研究』1994年、明治図書出版、9頁。

研究はほとんどふれるところがなかった。（中略）当時の高等教育拡大過程の全体像を明らかにするには、関連する各政治主体がもった利害関係や各主体がおりなす政治過程に目を向けざるをえない。」(19)

　筆者の立場も、個人や集団の諸要求・諸利益の表出・調整統合プロセスの総体といった「政治過程」を重視する伊藤の研究スタンスと基本的に共通するところがある。しかし、伊藤が大正期の「高等諸学校創設及拡張計画」といった中央政策をめぐる政治過程に注目する研究の方向性を示すのに対して、筆者の場合は、地方関係者らが地元出身子弟の教育機会保証や地域産業・地域文化の発展向上、地元の文化的な威信・象徴獲得をかけての官立高等教育機関の誘致をめぐる過程に注目して、近代日本の官立高等教育機関の設置を、国家政策と地域実態の関係性から明らかにしたいと考えている。同上書で、伊藤は官立高等教育機関の誘致活動について、「ローカリズムに色濃く彩られた各地方同士の激しい競争」(20)や「地方利益誘導政策」(21)などと簡潔に表現しているが、日本の近代化過程とはそのような地域社会からの利益獲得要求を、いかに高等教育システムの安定・維持のために統合・調整していくかに他ならなかったはずである。

　（２）の中村隆文の論文は、「戦前の地方教育は国家の教育方針を忠実に施行するだけで、地方独自の教育政策などありえないとされ」(22)た従前の近代日本教育史の傾向に対して、明治期の京都府をケース・スタディにして、地方における官立高等教育機関誘致の政策過程の実態を把握しようと試みた地方教育政策史研究である。中村は、明治期の第三高等中学校の誘致から高等師範学校及び女子高等師範学校の誘致失敗までを通して、次のように考察を行っている。

　「高等教育機関誘致運動は、二〇世紀初頭における日本の資本主義および議会政治の一側面を象徴する地方的要求の噴出過程とみることができ、同時に、教育機関もしくは「教育」への地方的利益という新しい視点からの接近

---

(19) 伊藤彰浩「『高等諸学校創設及拡張計画』の成立」『戦間期日本の高等教育』21頁。
(20) 同上書、41頁。
(21) 同上書、50頁。
(22) 本山幸彦編『京都府会と教育政策』1990年、日本図書センター、iii 頁。

を可能ならしめた試みと考えることができるだろう。」[23]

　とくに、第三高等中学校の誘致については「高等教育機関誘致運動の先駆」[24]と位置づけて、「当時、紛擾を続けていた第二、第四、第五高等中学校の誘致合戦にも少なからず影響をおよぼしていた」[25]とする。ただし、その影響を及ぼした具体的な根拠については記述していない。

　（７）の神立春樹の文献は、岡山大学の主要な前身校であった、第六高等学校や岡山医学専門学校が設置された歴史的な意味について考察している。明治翔の高等中学校医学部の設置について、「いずれもまったくの新設の形をとったのではない。それは地方当局の努力のもとに発展してきた公立医学校のうちの五つの医学校の施設設備、教授陣容、さらには生徒などをほとんどそのまま継承する形で創設されたものである。」[26]と、端的に指摘している。医学部をはじめとした高等中学校は、従前の公立学校を母体として設置された点をあらためて強調する。当時の医学教育において優秀であるとされた新潟県立医学校などが廃止される中で、「岡山県医学校は当時としてはすぐれた医学校であったろう。しかし、地方税支弁の禁止は存立の財政的基盤の喪失であり、存続はきわめて困難になったであろう。……岡山県医学校が高等学校医学部として官立とならなかったならば、これらのような発展を遂げることは困難であったろう。」[27]と主張している。さらに、これらの学校の歴史から、「その制度的展開は紆余曲折的であった。しかしそうであるからこそ、そこには近代高等教育制度の確立過程における国家主導という特質が端的に示されているといえる。ここにみたのは、医学教育の国家掌握、財政事情による併合・分離、立て難い長期展望、国家の意志の貫徹、性急な改編構想、などであり、国家の施策によって翻弄される各高等教育機関＝学校の在り様である。」[28]と述べている。残念ながら、「国家の意志」や「国家主導」といった点の検討が十分になされていないが、明治期の岡山県を事例と

---

(23) 同上書、639頁。
(24) 同上書、604頁。
(25) 同上書、604頁。
(26) 神立春樹『明治高等教育制度史論』2005年、御茶の水書房、5頁。
(27) 同上書、6〜7頁。
(28) 同上書、113頁。

した地域社会における高等教育事情がうかがえる研究である。

（4）の阿部恒久の文献では、新潟県などの日本海側地域が明治中期頃から産業や文化の地域的な格差を被ることになったのは、中央の「裏日本」化政策が積極的に実施されていったためであると分析している。

「『裏日本』は、近代化における典型的な地域格差として登場している。（中略）実際には、軍事的な色彩を濃厚に帯びた『上からの資本主義化』を推進した。その過程で、府県などの行政区画や県庁などの政治的統合拠点が変化し、農民から徴収する地租が国税収入の六〜七割を占める下で国税を資本として展開された殖産興業政策（のちに民間に払い下げられる官営工場、鉄道などの社会資本を含む）および特定産業の保護育成政策を中心とする経済政策、官僚養成を基本とした高等教育機関の整備、師団や裁判所などの国家機関の設置などは、当然、各地域の位置・役割を変えていく。そうした経済的・社会的な基盤整備のあり方が近代日本における新たな地域格差の形成の大きな要因ではないのだろうか。」[29]

とくに、「裏日本」化と官立高等教育機関の配置状況は関係を有し、文化的な権威の象徴とされた官立高等教育機関の誘致の有無は、その地域の文化的な後進性を拡大させたとする。全国各地で展開された官立高等教育機関の誘致活動が、関係諸県に誘致を示唆し積極的な設置費用としての寄附を促した近代日本の政治戦略のひとつであったとみる分析には、筆者も基本的に同感である。しかし、その具体的な官立高等教育機関の設置過程については、同上書では詳細な考察対象とされない。あくまで、当該問題の結果の指摘にとどまっている。まして、当時人口流出の激しいとされた北陸地域の石川県に、なぜ多くの官立高等教育機関が誘致されたのかについては言及がみられない。1887（明治20）年の第四高等中学校の設置をめぐって、「もう少し篠崎（五郎）知事も県下有力者も頑張っていたら、という感を禁じえなく、もし一〇万円程度の募金ができていたら、金沢に本科を置く第四高等中学校の医科を新潟県下に設置するという結果になったかもしれないと思われないでもない」[30]として、設置された石川県との比較で、新潟県内の高等教育に対する

---

(29) 阿部恒久『「裏日本」はいかにつくられたか』1997年、日本経済評論社、7頁。

消極的な姿勢を強調しているからであろう。

　（６）のハンス・マーティン・クレーマの論文は、戦後教育改革期における新制秋田大学設置をめぐる地元地域社会でのボトム・レベル・アクターの権力関係、「闘争」（conflict）様相を分析している。

　「だれが新制大学を『創った』かは、実はそれほど明らかではない。最近の研究は日本側の役割を強調する一方、それでも従来の研究と同じように、政策決定過程のすべての必要な段階を配慮しておらず、実際に関与した行為者も必ずしもすべて分析に組み入れられてはいない。その理由の一つは、国立大学の行方を決めたのは国レベルであったという意識があるからであろう。（中略）本論文は、政策決定過程、またその過程に見られるアクター間の権力関係を分析するという基本的枠組みによって、すなわち政治史的な観点から、占領期高等教育政策における国レベル以下の『力学』を分析するものである。」[31]

　クレーマは、社会学者のミシェル・クロジェとエールハルト・フリートベルクの分析モデルを援用して、行為者と「資源の動員」（resource mobilization）の条件を次のように示している。（１）行為者は、資源を使用できなければならない（availability）。（２）資源は、該当の闘争の枠組みで適切なものでなければならない（relevance）。（３）資源は、動員され得なければならない（mobilizability）。そして、新制国立大学の設置は、文部省やCI&Eの中央当局が積極的に働きかけたというよりも、地方の地元地域社会の行為者らによって、中央当局が逆に資源として動員された側面が大きいとみる。筆者も、ボトム・レベルの行為者の行為を重視するこの指摘には同感である。クレーマ自身が、「実施が戦後であっても、問題が最初に浮上したのは必ずしも戦後ではない」[32]と率直に認めているように、今後の研究課題としては、たとえ秋田という地域のケース・スタディであっても、対象時期を戦後改革期に限定することなく、近代以降から戦後期にかけて通史的に考察していくべきで

---

(30) 同上書、229頁。
(31) ハンス・マーティン・クレーマ「占領期高等教育政策の力学――新制秋田大学の設置をめぐる闘争――」『東京大学大学院教育学研究科紀要』第42巻、2002年、22頁。
(32) 同上書、30頁。

あろう。

　なおこの他関連する先行研究として、近年、筆者も切磋琢磨して共に学び研究し合った旧1880年代教育史研究会のメンバーらの注目すべき研究成果が挙げられよう。小宮山道夫「第五高等中学校創設と設置区域における議論――1887（明治20）年８月開催の相談会を手がかりに――」中国四国教育学会『教育学研究紀要』第54巻、2008年、83〜88頁。小宮山道夫「東北地域における第二高等中学校の受容――高等中学校委員会における維持経費議論の実態から――」『東北大学史料館紀要』第４号、2009年、１〜13頁。小宮山道夫「中学校令公布前後における広島中学校改革史料」『広島大学文書館紀要』第11号、2009年、54〜69頁。小宮山道夫「広島県における高等中学校設立計画と中学校改革の実施」全国地方教育史学会『地方教育史研究』第30号、2009年、37〜54頁。田中智子『近代日本高等教育体制の黎明――交錯する地域と国とキリスト教界――』2012年、思文閣出版。田中智子「高等中学校制度と地方都市――教育拠点の設置実態とその特質――」高木博志編『近代日本の歴史都市――古都と城下町――』2013年、思文閣出版、515〜545頁。田中智子「『北陸』における官立学校設置問題の展開――『学区』と『拠点』の設定史――」『北陸史学』第61号、2013年、１〜26頁。小宮山は、従前等閑視されていた高等中学校設置区域内の議論や動きに着目した功績が大きい。さらに田中は、地域分布における高等中学校制度を俯瞰的に考察したうえで、その設置過程を追究しようと意欲的に試みている。

第３節　内容構成

　以上の先行研究の分析を踏まえて、本書では1887（明治20）年４月の第四高等中学校の設置から1949（昭和24）年５月の新制国立金沢大学設置までの、近代金沢にみる官立高等教育機関の設置過程を考察する。近代以降の金沢では、「学都」としての意識を底流にして、長期にわたって「高等教育」への思いを一貫して追求してきたものと思われる。

　先にみたとおり、従前の高等教育史研究では、近代日本官立高等教育機関の設置について、中央当局側の政策決定を重視するあまり、地元地域社会か

序章　15

らの誘致活動を矮小化する傾向がみられた。加えて、旧藩主や地元有志者らの誘致による官立高等教育機関の設置過程について着目し、明治期から昭和戦後期にかけての地域社会における持続的な高等教育政策に焦点をあてた研究もほとんどみられない。とくに、本書で近代の金沢に注目したのは、戦前期までに第四高等中学校（後に、第四高等学校と改称）をはじめ、金沢医科大学、金沢高等工業学校（後に、金沢工業専門学校と改称）、金沢高等師範学校といった多くの官立高等教育機関が、なぜ北陸地域の金沢に集中したのか、どのように設置されるに至ったのか、その基盤的な理念とされる「北陸総合大学構想」とはどのようなものか、などの点を究明していくことが、近代日本の高等教育構造を明らかにすることにつながると想定されたからである。

　近年、石川県立歴史博物館の本康宏史（現在、金沢星稜大学）が『軍都の慰霊空間——国民統合と戦死者たち——』（2002年、吉川弘文館）を刊行して、近代の金沢が「城下町」から「軍都」（軍事的な中核都市）として再編されていく様相を明らかにした[33]。近代都市としての金沢は、軍事的側面にとどまらず、教育文化面や観光消費面など都市としての諸相を有する地であった。筆者の仮説では、近代の金沢は本康が考察した「軍都」の側面とともに、地元からの積極的な働きかけによる「学都」（学問および教育の中核都市＝高等教育機関の集積）の様相も、顕著に展開されたものと考える。本康自身、別稿で「藩政末期の諸学校の系譜を継いだ、高等専門教育の充実ぶり……一八八七年の四高創設（第四高等中学校）は、市民の誇りを植え付ける大きな契機となった。『中学校令』による高等中学校の設立は、全国でわずか五校（当初は三校）にすぎなかったからである。……一八九二年には広坂通りに赤煉瓦の本館・校舎も建設され、以後『学都』金沢のシンボルとなった。……戦後の金沢もこうした『学都』としての性格を引継ぎ、人口規模に対して比較的多くの高等教育機関（大学・短大）を有し、地域との共生を模索している。」[34]と

---

(33)　本康宏史「『城下町』から『軍都』へ」『軍都の慰霊空間——国民統合と戦死者たち——』2002年、吉川弘文館、50～73頁。「城下町」の金沢が、1898（明治31）年に設置される第九師団など、多くの軍事施設が地域エリアの主要を占める「軍都」へと再編されていく。軍事的な要請に基づき、都市のインフラ整備もより進められ、師団部隊が駐留した金沢城や郊外の野村周辺では、飲食店・雑貨店・旅館などが繁盛して市の人口の1割を占める「軍隊は最大の消費者」であると、本康は捉えている。

指摘している。残念ながら、その十分な論証はいまだなされていない。筆者が、本書で明らかにしようと試みる官立高等教育機関の設置過程は、それに少しでも答えるものとなるかもしれない。戦後になって、多くの旧軍事施設や敷地が新制の教育機関へ転用されることになったが、第九師団司令部や歩兵第六旅団司令部、歩兵第七連隊兵舎や金沢憲兵隊庁舎などが置かれていた金沢城址が、新制国立大学の金沢大学キャンパスとして使用されたことは、軍事的な側面と教育・学問の側面が交錯した象徴的な出来事であったといえる。

　本書の構成は、以下のとおりである。
はしがき
序　章
第1章　「学都」金沢形成の端緒——第四高等中学校の設置過程——
　　第1節　「学都」金沢の位置
　　第2節　明治初期の高等教育状況——第四高等中学校前史——
　　第3節　第四高等中学校の設置過程
　　第4節　第四高等中学校の運営経費問題
　　第5節　第四高等学校と金沢医学専門学校の分離
　　……「試論・第四区における高等中学校設置をめぐる地域事情について」
　　1880年代教育史研究会『1880年代教育史研究年報』第3号（2011年）
　　……「『学都』金沢形成の端緒——第四高等中学校の誘致獲得を中心に——」
　　橋本哲哉編『近代日本の地方都市　金沢／城下町から近代都市へ』（2006年）
　　……「高等中学校研究に関する地方教育史的アプローチ——第四高等中学校について——」

───────────────
(34)　本康「地方都市『金沢』——その輪郭と史的分析の視角——」橋本哲哉編『近代日本の地方
　　都市　金沢／城下町から近代都市へ』2006年、日本経済評論社、48〜50頁。

全国地方教育史学会『地方教育史研究』第23号（2002年）等に加筆

第2章　大正期の高等教育機関の設置過程

　第1節　北陸帝国大学構想の提唱

　……「『学都』金沢形成の端緒」同上書

　……『金沢大学五十年史　通史編』（2001年）の所収拙論に加筆

　第2節　金沢高等工業学校の設置過程

　（1）石川県の基幹産業・金沢の繊維業

　（2）石川県立工業学校の位置

　（3）高等工業学校の設置過程

　第3節　金沢医学専門学校の大学昇格

　……書き下ろし（初出）

第3章　戦時体制の高等教育機関の設置過程

　第1節　非常時から戦時動員体制への動き

　（1）1930年代前半における地域社会の動き

　（2）1930年代後半以降の国家総動員へ向けての動き

　第2節　科学技術教育への影響

　（1）臨時附属医学専門部の設置

　（2）金沢高等工業学校の拡充

　第3節　金沢高等師範学校の設置過程

　……書き下ろし（初出）

第4章　新制国立大学の設置過程

　第1節　新制国立大学設置までの政策的な動き

　第2節　北陸総合大学構想にみる地域社会の動き

　第3節　新制国立金沢大学の設置過程

　第4節　地域社会と国立大学──法人化の国立大学の動き──

　……「新制国立大学の成立過程──北陸総合大学設立構想──」大学史

研究会『大学史研究』第17号（2001年）等に加筆

終　章

第1章 「学都」金沢形成の端緒
——第四高等中学校の設置過程——

第1節 「学都」金沢の位置

　金沢市は、石川県の県庁所在地で北陸地域の中核都市と位置づけられる。人口は約46万6千人、総面積は約469km²（2015年）である。卯辰山・小立野台地・寺町台の3つの丘陵とその狭間を日本海に向けて流れる浅野川・犀川の2つの河川から、金沢は起伏に富む地形を構成する[1]。北陸地域の中でも、戦災などの大きな災害を被ることがなかった歴史的な都市である[2]。

　金沢の地域発展は、中世期の一向一揆衆よる金沢御堂（尾山御坊）の建設などに始まり、近世期の加賀藩（前田家）による文治統治へと移り、武家屋敷・町屋・寺院からなる城下町[3]として大きく繁栄し、明治維新以降の近代期に入り、第九師団の配置に代表される軍、及び官立の高等教育機関である第四高等中学校（後、第四高等学校に改称）の設置に代表される「学都」へとその様相を推移し展開していくことになる。

　しかし、加賀・越中・能登の3地域から形成された加賀百万石の城下町として栄えた金沢は、近世期には江戸・京都・大阪・名古屋に次ぐ規模であっ

（1）檜田烏亭「ヒューマニズム景観論・金沢」金沢学研究会『金沢学2　パフォーマンス・金沢　都市文化を読む』1989年、前田印刷、3～42頁、参照。
（2）1946（昭和21）年6月3日の「北陸総合大学設置期成同盟会趣意書」（金沢大学附属図書館蔵）には、「国内文化施設の多くは戦災のために機能を失い、早急な復興は期待することはできない。（略）これらの事情のもとにわが金沢市を見るとき、戦災を免れた全国屈指の都市であり、北陸の雄都として古い伝統を持ち、位置にも環境にも極めて恵まれており、戦後のわが国文化を育成し国運を開くに最上の条件を整えている地ということができる。」と記されている。
（3）武家屋敷6割・町屋2割・寺院2割程度で、金沢城を核に武家地を中心とする密集都市であった。中村和宏「金沢の都市景観　その文脈をたどる」川上光彦・丸山敦・永山光一編『21世紀へのプロローグ　まちづくりの戦略』1994年、山海堂、等参照。

たが、明治維新以降は人口の流出や地元経済の停滞に窮することもみられた。

〈主要都市の人口の推移〉

	1890年	1920年	1940年
東　京	1155	2173	6779
大　阪	473	1253	3252
京　都	289	591	1090
名古屋	170	430	1328
金　沢	94	129	186
仙　台	66	119	224
広　島	91	161	344

／人口（千人）

（出典）大石嘉一郎・金澤史男編『近代日本都市史研究　地方都市からの再構成』2003年、日本経済評論社、28〜33頁。

　県域の変遷についていえば、1876（明治9）年4月に新川県が廃止され、石川県に合併された。同年8月には敦賀県が廃止され、越前国の坂井・南条・丹生・足羽・大野・今立・吉田の7郡が石川県に合併される。1881（明治14）年2月に福井県が新たに設置され、それにともなって石川県から越前国の7郡が移管された。1883（明治16）年5月に富山県が新たに設置され、それにともなって石川県から越中国が移管された。石川県の管轄区域は、加賀・能登両国に確定し、現在に至る。

　近代を迎えた日本の諸都市について、一般的に都市の中心性を支える都市的機能の集積の在り方から、政治拠点（県庁所在地の有無）・軍事拠点（主要軍事施設の有無）・港湾拠点（主要港湾の有無）・文化拠点（官立高等教育機関の有無）といった拠点性で区分分析されるが、金沢はその区分によれば、政治・軍事・文化拠点の代表的な地方都市と捉えられる[4]。6大都市（東京・大阪・京

（4）大石嘉一郎・金澤史男編『近代日本都市史研究　地方都市からの再構成』2003年、日本経済評論社、30〜37頁。

第1章 「学都」金沢形成の端緒——第四高等中学校の設置過程—— 21

都・横浜・名古屋・神戸）を除く、金沢と同様に区分され、城下町から推移し
ていく都市としては、仙台や広島、熊本などが挙げられる。これら城下町か
ら近代を迎えた諸都市を、その地域の高等教育情勢などから教育史・地域史
的に比較考察する視角は、近代都市の共通項と各地域性を把握する上で重要
であると思われる。近代日本都市と高等教育の関係性を実証的に考察する研
究はいまだ開拓途上であり、都市史研究及び高等教育史研究の双方にとって
有益であろう[5]。

　金沢について、本康宏史は「軍事・文化」の拠点性の高い「政治都市」と
する大石嘉一郎・金澤史男らの地方都市分類を援用して、官衙・学校などと
軍事施設が並立することから「軍都」の側面を重視している[6]。

　「都市プランの特徴として、旧城地に早い段階（明治五年）で名古屋鎮台の
分営（同八年に歩兵第七連隊）が入る一方、裁判所（同九年）、第四高等中学校
（同二十年）なども設けられた点が指摘される。こうした例のように、旧城地
およびその周辺において軍施設と官衙・学校との併立のみられる諸都市を、
一つのグループとして捉えることができよう。」[7]

　近代の金沢は、「軍都」の側面とならんで、地元地域からの積極的な官立
高等教育機関誘致の働きかけに基づく「学都」（学問および教育の中核都市＝高
等教育機関の集積）としての様相もみられたと考える。2004年時点で、短期大
学３校・大学５校があり、学生は短期大学約1400人・大学約17600人（大学院
生を含む）有する金沢は、「環状大学都市」（大学群が１本の環状道路で結ばれ、金

（５）　土方苑子「中等学校の設置と地方都市」『近代日本都市史研究　地方都市からの再構成』649
　　　～698頁。土方は「中等学校の設置には地域の事情がかなり反映した」（651頁）として、「『都
　　　市』がそれぞれの時期にどのような意味をもつかが重要な問題で、それを問う視点が必要だ
　　　と思われる。」（654頁）と教育史研究上の新たな問題提起を行っている。
　　　　山田浩之「高等商業学校におけるビジネスマン養成——戦前期日本の地方都市における高等
　　　教育機関の社会的機能——」望田幸男・広田照幸編『実業世界の教育社会史』2004年、昭和
　　　堂、113～140頁。山田は、「高等商業学校は何を期待されて地方に設置されたのだろうか。
　　　……高等商業学校も地方に分散して設置されていた。地方の高等商業学校は政府の政策、あ
　　　るいは設置された地域においてどのような社会的機能を果たすよう求められたのだろうか。」
　　　（120頁）という地域社会における社会的機能を重要視している。
（６）　本康宏史「『城下町』から『軍都』へ」『軍都の慰霊空間——国民統合と戦死者たち——』
　　　2002年、吉川弘文館、50～73頁。
（７）　同上書、36～37頁。

沢の街を環状に取り囲む都市）を宣言している。「学都」としての歴史的な視角でみると、近世期の封建社会における加賀百万石の「天下の書府」というイメージ[8]から移行し、西欧諸国からの影響を受けた明治維新以降は数学、医学、造船、文学など、近代日本の教育・学術文化の先進地として金沢は大いに注目された。

正岡子規（愛媛県松山出身、文人）は、「地方の風俗人情」『筆まか勢』（1889年）の中で、次のとおり金沢の文化風土について述べている。

「愛知はかなりに学生を出だせり　何かの原因あるべし（略）加賀は昔より学問も盛に且ッ数学を重んじけれ　今日に在ても学者の輩出することは加賀を第一とす　殊に数学に長ずる者多し」

金沢では、百万石の領地支配（石高の測定計算）や土木建築（城の修復・用水の建設）の必要性から、数学などが近世期からすでに発達していた。さらに、幕末・明治維新以降、西欧諸国から洋学（洋算）の知識を受けて、海防のための測量・地図作成、西洋式軍制・軍艦の導入運用を行っていく。実際に、関口開（金沢出身、金沢中学校教諭）や北條時敬（金沢出身、第四高等学校長）などの有名な数学者を多数輩出している。

萩原善太郎編『日本博士全伝　附官費海外留学生表並学士人名表』（1888年、吉岡書籍店）では、当時博士50人の内、石川出身者として、櫻井錠二（旧金沢藩士、理学博士）、平井晴二郎（旧金沢藩士、工学博士）が挙げられている。巻末に附された「（文部省）官費海外留学生表」をみると、計69人中、石川出身者は次の6人である。齋藤修一郎（法律、ボストン大学）、平井晴二郎（土木工学、レセノル工学校）、櫻井錠二（理化学、ロンドン大学）、石黒五十二（土木工学、ロンドン・エドワード・イーストン工場）、高橋順太郎（薬物学、ベルリン大

（8）『庶物類纂』や『桑華字苑』、『百工比照』などの事典編纂を積極的に手がけるなどした第5代加賀藩主前田綱紀（1643〜1724年）の学術・芸術文化の保護保存・育成事業が一般に知られる。
　　「金沢は畢竟北陸第一の学府たるを失はざるなり。微妙公利常、陽広公光高、松雲公綱紀以来、列祖経学を奨め、碩儒木下順庵、稲生若水、室鳩巣、新井白蛾等をして学を士民に授けしむ。赤穂義人録二巻は実に鳩巣が加賀に在る時に世に出でたるなり。」金沢商業会議所『かなざわ』1922年（金沢市史編さん委員会『金沢市史　資料編15学芸』2001年、665頁所収）。
　　藤岡作太郎『松雲公小伝』1909年、等参照。

「高橋順太郎の申報書」（東京大学文書館所蔵）

学）、斯波淳六郎（法律、ベルリン大学）である。その中の１人である高橋順太
郎（金沢生まれ；1856〜1920年）は、明倫堂で文学を、経武館で武道を学ぶ。
1881年東京大学医学部を卒業、1882〜1885年留学した。帰国後、大学薬理学
教室の初代教授を務めた人物である。

　萩原『同上書』の「学士人名表」と、帝国大学『帝国大学一覧』の「学士
及卒業学生姓名」を照合してみると、1888年12月の時点で、石川出身者は法
学士計143人中、三宅恒徳、村山三郎、入江鷹之助、斯波淳六郎、戸水寛
人、早川千吉郎、草鹿甲子太郎の７人、法律学士（1884年の司法省法学校卒業
者）計33人中、櫻井一久、前田孝階、河村善益、清水一郎の４人、理学士
166人中、高山甚太郎（化学科）、久田督（化学科）、横地石太郎（応用化学科）、
早崎信太郎（物理学科）、吉田朋吉（機械工学科）、石黒五十二（土木工学科）、橘
恊（土木工学科）、土田鐵雄（土木工学科）、長崎桂（土木工学科）、近藤仙太郎
（土木工学科）、岡田一三（採鉱冶金学科）、中野嘉作（採鉱冶金学科）、北條時敬
（数学科）、櫻井房記（物理学科）の14人、文学士56人中、三宅雄二郎（哲学
科）、小川忠武（政治・理財学科）の２人、医学士258人中、吉田貞準、渡邊悌

次郎、魚住完治、高橋順太郎、山形伸藝、魚住以作、柴田勝央、吉益政清、山崎兵四郎、土岐文二郎の10人、製薬士34人中、山田董、細井修吾の2人、工学士267人中、上山基、井口在屋、永山廉太郎、今井善一、藤井恒久、仙石亮、石田収、大窪正、伊藤辰吉の9人、農学士81人中、草野正行、牛村一氏、佐久間義三郎、陸原貞一郎、舟木文次郎、早川元次郎の6人、農芸化学士12人中、織田又太郎の1人、林学士38人中、村田重治、北村誠太郎の2人、獣医学士40人中、辻秋徳、庄司寅吉の2人が挙げられる。いわゆる、近代石川の偉人である。

　人文・社会科学よりも、医学・薬学・工学などの自然科学の領域に秀でた者が多数輩出されていることが特徴であろう。花房吉太郎・山本源太編『日本博士全伝　全』（1892年、博文館）では、「金沢藩ハ旧ト堂々タル天下ノ大藩ナリ其地豈ニ秀逸ノ士ニ乏シカランヤ将ニ続々踵ヲ継グノ青年子弟アラントス況ンヤ先進ノ士既ニ寡カラザルオヤ」[9]と記されている。地元出身の学士・博士らは地元にとって郷土の誉れであり、彼らからみても地元による有形無形の支援があってこそ自らの存在があると考えていた。このような代表移動をとおした共同体意識は、近代日本地方都市において顕著に形成されたものであったといえよう[10]。

（9）花房吉太郎・山本源太編『日本博士全伝　全』1892年、博文館、215～216頁。また、高田采松「在帝国大学及第一高等中学石川富山両県人修業学科統計」『久徴館同窓会雑誌』第33号（1891年3月28日）には、「即チ石川県人ニハ理科生最モ多ク……理学ヲ修ムル者ノ其タ多数ナルハ石川県人ノ性質深沈重厚ニシテ容易ニ風潮ノ為メニ動カサレザル実証ナルカ」（35頁）とある。

（10）1882（明治15）年、東京大学在学時に盟友戸水寛人とともに学資金月額6円の県費給付を受けた中橋徳五郎は、戸水の選挙応援演説のなかで次のとおり述べている。
　「戸水君と吾輩〔中橋〕とは、この金沢市から選抜されて学資を受け、東京に留学しろと云ふことを命ぜられたのである。吾輩も戸水君も貧乏であつたのである。非常に貧乏だつたから、学資が無くて東京に出られなかつたのである。然るに金沢から選抜されて、学資を呉れて勉強に出ると云ふことであつたから、東京に出て帝国大学に留学したのである。この二人が十九年に帝国大学を卒業したのである。当り前に云へば、卒業したから金沢に帰つて、県庁か市役所の役人か、学校の先生位にならなければならなかつたのである。そこで二人は金沢に帰つたところが、余り役にも立たない、大したものにもなれないだらう、それよりは東京に止つて、尚ほ勉強をして大学者となり、大人物となつてから、金沢の為め尽す方がよからうと考へて、時の当局者に嘆願したのである。ところが時の当局者は、余程訳の分つた人が居つたものだから、すぐこの嘆願を許して呉れたのである。それから両人共に東京に止つて役人になつた。……戸水博士が、今や二十七年振りで此故郷に帰つて来たのである。なぜ

第1章 「学都」金沢形成の端緒——第四高等中学校の設置過程—— 25

　そして、近代化を促進する明治期から産業化・都市化・国家総動員体制の時代を経て、民主化・自立化をもとめられた昭和敗戦の直後から、他地域よりも文化的な優位性を誇示する北陸総合大学設置の動きがいち早く展開された。1945（昭和20）年12月、石川県通常県会において旧軍事施設のあった野村練兵場（10万坪）を利用した北陸総合大学設置の議論が起こる。翌46年6月には、伊藤謹二石川県知事を会長に、武谷甚太郎金沢市長・林屋亀次郎石川県商工経済会会頭らを副会長とする、「北陸総合大学設置期成同盟会」が結成された[11]。

　「現在金沢市には昇格後二〇余年を経た、金沢医科大学を初め内容充実した金沢工業専門学校、第四高等学校、金沢高等師範学校等すでに学都としての堂々とした基底があり、さらに解放された元金沢師団諸兵舎の建物二三〇〇〇余坪、敷地二二〇〇〇坪を持っている。この基底の上にこの施設を転用して、北陸総合大学設置の実現を図ることは従来なほざりにされていた裏日本特有の人文と自然とに即した学術研究を振興し、地方文化の啓発に資するはもちろん全日本の文化進展に大きな力を捧げることができると信ずるものである。そうしてこのようにわが金沢を再建日本の文運進展に尽させ世界平和に寄与させることは戦災を免れたわれら地方官民の一大使命だと固く信じているのである。」（北陸総合大学設置期成同盟会趣意書）

1947年10月に、地元の北國毎日新聞社が旧日本軍にかつて接収・使用され

───────────────

　　帰つて来たのであるかと云ふと、金沢市に対するその義務を尽す為めに帰つて来たのである。……言ひ換ふれば、大人物たる戸水博士が此処に出て来たのは、前の当局者が蒔いて置いた種子が、その実を結んだのである。この中橋もまた同様である。中橋もまたその義務を果しに来るはずであるが、まだその時と場所とを得ないのである。この時と場所とを得たならば、必ず義務を果しに来るのである。」（中橋徳五郎翁伝記編纂会『中橋徳五郎　上巻』1944年、75〜77頁）。
　　また、民俗学の柳田國男は「故郷異郷」『明治大正史　世相篇』1930年（1993年復刻新装版）、講談社の中で、次のとおり述べている。
　　「大小の都市の間にも、早晩に生存のための競争が現れてきている。……隣を接する都市の繁華を奪い取ろうとする。……競争は必死に陥った。……いわゆる県出身の先輩も参与し、ことに代議士を心掛ける人々が、いくぶんか問題を作り出す傾きもあった。……それが地方人の政治意見を、目の先のものにしたことは争えぬが、起こりはまた一種の愛郷の純情であった。」（194〜196頁）。
(11) 金沢大学十年史編集委員会『金沢大学十年史』1960年、橋本確文堂、12〜20頁。谷本宗生「新制国立大学の成立過程——北陸総合大学設立構想——」『大学史研究』第17号、2001年、161〜164頁。

ていた金沢城址の跡地利用に関する世論調査を実施したところ、レクリエーション施設19%、新制中学校建設25%、北陸総合大学47%という結果で、北陸総合大学を望む世論が圧倒的に高いことが報道される[12]。また、北陸総合大学（のち金沢大学）設置のための経費を地元で捻出するとして、1948年5月と11月の教育宝くじ[13]によって1767万円余りを収益とし、大学創設の寄附金募集額2300万円（金沢市700万円、小松市120万円、七尾市70万円、江沼郡30万円、能美郡70万円、石川郡70万円、河北郡70万円、羽咋郡70万円、鹿島郡50万円、鳳至郡30万円、珠洲郡20万円、準備委員会東京支部500万円、準備委員会関西支部500万円）のうち、1949年6月の時点で412万円余りが寄せられた。金沢大学の創設費（営繕費と設備費）は総額8600万円で、上記の寄附金と県費で負担したわけである[14]。

　1948年5月31日付で、他地域に先駆けて文部省へ提出された[15]『金沢大学設置認可申請書』の「金沢大学設置理由書」には、「学都」としての地元意識の高さが強調されている。

---

(12) 金沢大学工学部50年史編集委員会『金沢大学工学部50年史』1970年、127頁。

(13) 北陸総合大学・金沢大学建設のための県の教育宝くじは、第1回（1枚30円）は1500万円、第2回は2100万円が発売された。この発売額のうち約半額にあたる、第1回分760万円、第2回分1000万円の収益があった。第1回の景品は、自転車・革靴・綿織物他、第2回はミシン・服地・ゴム長靴・純綿染ぬき手拭・化粧石けんであった。県下教育振興のための第3回教育宝くじは、1949年8月に2100万円が発売された。収益は1006万円で、金沢城内の校舎改装費等に充てられた。
　　金沢大学資料館「教育宝くじ・寄付」
　　http://web.kanazawa-u.ac.jp/~shiryo/50th/sousetsu/kuji/index.html
　　宝くじと学校
　　http://www.geocities.jp/tanukikuji/gakko.htm

(14) 金沢大学十年史編集委員会：前掲書、12頁及び35頁。

(15) 地元新聞の『北國毎日新聞』（1948年6月8日）によると、「金沢大学設立の正式申請書は〔六月〕二日上京した石井金大実施事務局次長らの手により文部省に提出されたが、これは全国新設大学申請のトップで現在のところ金沢大学を除いては、まだどこも出されていない」と報道されている。
　　また、羽田貴史『戦後大学改革』（1999年、玉川大学出版部）では、金沢の素早い動きについて「石川県のように明治末から帝国大学設置運動を展開していた地域では、文部省の指示に先駆け、一九四六年初頭から総合大学設置へ向けて期成同盟会を結成して働きかけ、一九四八年五月には『北陸大学設置認可申請書』を文部省に提出している。」（210頁）と述べ、文部省の政策指示に先駆けた地元の行動を強調している。

第1章　「学都」金沢形成の端緒——第四高等中学校の設置過程——　　27

　「金沢市は藩政の昔より学問、美術工芸の発達をもって聞え、北陸地方におけ
る文化の淵藪として幾多の碩学、名匠を輩出した。この伝統は現在に至るまで
なお現存し、今や北陸における中心的文化都市として、政治・経済・学芸の中
枢たる不動の地位を確保している。今これを教育施設の方面から見ても、すで
に金沢医科大学、同附属薬学専門部、金沢高等師範学校、第四高等学校、金沢
工業専門学校、石川師範学校、石川青年師範学校等７つの直轄諸学校を有し、
更にその伝統的雰囲気、景観の美、静かなる環境と相俟って絶好の学都を形成
している。今回我国の学校教育制度が根本的に改革されるにあたって、新に新
制国立総合大学をここに建設せんとする所以は、以上の如き歴史的背景と現状
に鑑み、新なる教育理念の下に更に一大飛躍を遂げ、もって一方においては地
方住民の文化的要望と世論にこたえ、他方においては祖国再建の基盤を形成
し、世界の平和と人類の福祉に大いに貢献するところあらんとするにほかなら
ない。」

　金沢において、このような「学都」としての意識は、戦前期からある程度
認識されていたのではないかと想像される。以下、本章では「学都」金沢の
位置に大きな影響を与えることとなる官立高等教育機関の誘致問題、とくに
明治期の第四高等中学校の設置[16]を中心に検証していく。金沢・石川県の
関係者らは、出身子弟の教育機会保証や地域経済・地域産業の発展向上、地
元地域社会の文化的な威信・象徴の獲得を目指して、官立高等教育機関の誘
致を展開していったものと思われる。1880年代以降は、文部省の政策的な判
断と地域社会の教育政策、誘致を希望する他地域との競合関係などが交錯し
ていく過程の始まりであったといえよう。各地方都市の歴史的な変遷と相ま
って、官立の高等教育機関は必要に応じて全国規模に誘致・設置されていっ
た。誘致にともなう敷地・建物・設置費用を受け入れ側より自主的に提供さ
せるという地方都市の誘致獲得要求を巧みに喚起し、官立高等教育機関の設

---

(16)　幕末から明治期までの石川県の教育を考察・検証した江森一郎は、「第四高等中学校が金沢に
　　新設されることが決まったことは、石川県や金沢市のその後の歴史に大きな影響を与えるこ
　　とになったことは言うまでもない。」(「明治中期までの石川県教育の一面——当時石川県から
　　なぜ多くの高等教育進学者を輩出したか?——」『市史かなざわ』第10号、2004年、76頁)と
　　述べ、高等中学校がいち早く金沢に新設されることになった理由の１つとして「地方都市と
　　しては例外的に金沢では、高水準の中等教育を施しており、高い学力水準の学生がすでに多
　　く養成されていた」(同頁)ことを重視している。

28

置をとおして、国家（中央政府）と地方地域社会との関係性、高等教育システムの安定・維持がより調整されたのではないかと思われる。

なお本章で用いる「高等教育」とは、教育制度における中等教育以後の学校教育を広義に指すものとする。その内実や該当機関についても、近代日本において明確に確定されたものではない。

第2節　明治初期の高等教育状況──第四高等中学校前史──

1872（明治5）年の「学制」に基づいて、近代日本の学校教育制度は出発した。その「学制」において、石川県は第三大学区の本部（第一大区は東京府、第二大区は愛知県、第四大区は大阪府、第五大区は広島県、第六大区は長崎県、第七大区は新潟県、第八大区は青森県）とされ、いまだ中央政策自体が不安定な状態でありながらも、「当県ハ即チ大学ヲ置カルヽヲ其一ナリ……士農工商ノ別ナク男女六歳以上ヲ以テ学ニ就カシメ読書習字算術縫裁等ノ業ヲ習ハシメ追々学業ノ進歩ニ随ヒ中学ニ進ミ中学ヨリ大学ニ升リ夫ヨリ其人ノ勤勉ニ因リ洋行ヲ命セラルヘシ」[17]と、男女共学の小学校を経て[18]中学校、そして大学へと進学し、洋行（海外留学）まで可能とする教育階梯を、明治初期のころからすでに地元では志向していたのである。

1872年10月、石川県が大蔵省に県庁の金沢への帰還を伺い出た際にも、その理由の一つとして、「同年八月二日に公布された学制で、全国を八つの大学区に分け、それぞれに大学校を設置し、石川県には石川・七尾・新川・足羽・敦賀・筑摩の六県が所属する第三大区の大学本部を置くと定められ、この大学校を置くとなれば、金沢が最適なこと。」と挙げられていた[19]。「学

---

(17)　「府県史料・石川県史料二十一　自四年至七年・石川県誌稿政治部学校衛生」（国立公文書館所蔵内閣文庫）。明治維新期の中学校を包括的に研究している神辺靖光は、「小学・中学は大学に登る階梯であるという思想に基づいて、これを金沢内で完結し得るとしたのである。」と述べている（『日本における中学校形成史の研究　明治初期編』（1993年、多賀出版、453頁）。

(18)　石川県「小学校標旗ノ制限並掲揚方法」1876年10月。小学校への就学率70以上の学校には、赤地に白く「小」の字を染め抜いた旗（紅旗）を、就学率70未満の学校には、白地に赤の「小」を染め抜いた旗（白旗）をそれぞれ掲揚させて、学齢児童の就学を催促した。佐藤秀夫「象徴と教育」『新訂　教育の歴史』2000年、放送大学教育振興会、183〜185頁。

(19)　奥田晴樹「県庁の金沢帰還」金沢市史編さん委員会編『金沢市　通史編3近代』2005年、10

第1章 「学都」金沢形成の端緒——第四高等中学校の設置過程—— 29

制」の発布に基づき、小学校の設置及び就学の普及に全国各地で汲々としていた時期から、石川県では高等教育段階まで志向していたのである。しかし、翌73年には八大学区から七大学区へと制度変更があり、それにともない石川県は第二大学区へ編入され、第二大学区の本部も愛知県とされた。

1871年11月に開校された金沢中学校（教員63人、生徒512人、歳費2400石）は、国・漢学を中心とした中学西校と洋学を中心とした中学東校とを合併したもので、藩校であった明倫堂・経武館遺構の中学西校をその校舎とし、当時の「大学南校規則」に準拠しながら藩校の系譜を継承するものであった[20]。金沢中学校の学制は、小学科と中学科に分かれ、さらに普通学と専門学から構成され、普通学を経て専門学に進学するとした。普通学の学科課程は、正則（洋書中心）が文章・史学・地理・理化・数学の5科、変則（和漢書・翻訳書中心）が攻事・史学・地理・理化・数学の5科とされた。専門学については、正則・変則の別なく、政治学（政治学・理財・租税）・法科（法律・民法・国勢）・理科（医学・究理・化学・地理・測量）・業科（国産・商法・建築・航海）・文科（古学・支那学・西洋学・史学）の5科とし、東京の「大学」に相当する教育水準を意識した県のつよい意欲が感じられる[21]。

「明治四年辛未十一月十五日　右畢テ祝砲十七発第三字ヨリ一統御酒肴等賜之　当日出頭人員数但参事並ニ諸係長官第二字出頭中小学校教官並ニ諸生徒第十二字出頭ノ事　二百四十四人、奏任、判任、並ニ教官、出仕等酒肴赤飯賜之　二人、外国教師シャンパン、ビル、並ニ密柑、御所落鴈、賜之　四百四十三人、

　〜11頁。
(20) 神辺靖光：前掲書の中で、「幕藩体制が崩壊したのだから幕府・諸藩の教育機関が継続する筈はない。しかし施設、書籍、教師、学習者は残り、全滅することはない。教授・学習の慣習、方法も継続する。そうした伝統の上に西洋流の学習がかぶさり、洋学移入の尖兵を任じる新しい学校がつくられていく。」（7頁）と指摘されており、筆者（谷本）もこの見解を支持したいと考えている。
　　辻新次（大日本教育会長）は、1887年2月27日石川県の大日本教育支会設置に対して、次のような祝辞を述べている。
　　「夫レ加能ノ地タル雄藩ノ故跡ニ属シ已ニ庶アリ又富ミ教育施設ノ範囲固ヨリ浩繁ナルヲ以テ之レガ上進普及ヲ図ルヘキモノ亦甚タ多カラン故ニ石川支会ニシテ誠ニ能ク本会トノ関係ヲ保チ以テ其責任ノ在ル所ヲ尽サハ其成績ノ如キモ亦大ニ観ルヘキモノアラントス」（石川県師範学校同窓会『石川県師範学校同窓会雑誌』第5号、1887年、北溟社、97頁）。
(21) 文部省編『日本教育史資料』第6巻、1980年（複製第2刷）、臨川書店、407〜411頁。

30

中学生徒赤飯肴賜之　二千二百十四人、小学十一ヶ月医学理化鉱山生徒赤飯肴賜之　五十八人、砲兵右同百八十七人、留書取次小丁右同　二十八人、木戸番並ニ料理方等右同　通計三千百七十六人　万国地図、インサイコロビテー、天地両録、渾天義、三星組立、セキスタント、ヲクタント、望遠鏡、陸蒸気様式、蒸気車様式、コロンメートル、エレキテル、バルンメートル、テルモメートル、其外究理舎密ノ器械等」[22]

　そのわずか後の1872年4月には、県費（公費）運営による旧藩以来の学校をいったん廃止するという政府の指示にしたがい、金沢中学校は閉校となった。明治政府による「学制」の精神は四民平等の教育＝公教育を志向したものであって、旧藩校などは士族子弟のみを対象とした、いわゆる一部特権階級のための教育機関と政策上捉えられた。加えて、教育の受益者負担の原則を新たに政府が掲げたのに対して、旧藩校などはすべて公費運営であった。従来の府県学校をいったん廃止するという措置は、地域割拠する旧幕藩体制から明治政府による国家体制への移行を意味した。この措置は、士族子弟の教育機関の運営をめぐって、城下町として発展してきた金沢に波紋を生じさせた。

　また、1874年10月、文部省督学局の加納久宣が県内巡視に訪れた際に、「興学ノ六弊」を県当局者らに指摘した。「一（第一条）　興学ノ資本金未タ充分ナラス前途維持ノ目的未タ確乎タラサルニ軽々学校ヲ設立スルモノ……一（第三条）　学費ヲ募ラスシテ之ヲ一般ニ集徴シテ学校ハ区内人民ノ共有タル可キ趣旨ヲ誤ルモノ　一（第四条）　小学普及ノ趣意ヲ誤リ専ラ高尚ノ学ヲ先キトシ或ハ外国教師ヲ聘シテ巨額ノ金員ヲ一校ニ支消スルモノ　一（第五条）　広大ノ学校ヲ新築シテ徒ラニ民費ヲ支消シ小学ノ趣向ヲ失フモノ……」といった点に、とくに問題があるとした。「豈ニ徒ニ学齢人民ヲ束縛シ漫ニ民費ヲ募ツテ日用欠クヘキ高尚学ニ従ハシムルノ意ナランヤ」とし、「日用」を欠いている「高尚学」に「民費」を募ることは行政上許されない。「専ラ潤大ナル学校ヲ営ムヲ以テ先トシ往々小学ノ趣旨ヲ誤ル者之アリ惟フニ不適当ナル大学校ヲ造営スルハ啻ニ学資金ヲ空フスルノミナラス後来経営維持ノ費用永久区内人民ノ疾苦トナルヤ必セリ思ハサル可ンヤ」とし、「高尚学」

──────────

(22) 同上書、407〜408頁。

の機関である「大学校」を維持運営することは、本来小学校の教育を充実するための「学資金」の浪費であり、地域住民にとって恒常的に大きな負担となることは間違いないと糾弾した[23]。

これに対して、県の学事行政責任者であった県学校専務の加藤恒らは、「興学六弊ノ疑問」を文部省へ提出した。文部当局が強調する小学校の教育（読・書・算）などを軽視することなく、高度な専門教育の普及にも力を注ぐ県の姿勢をこれからも堅持したいという趣旨を明らかにした。他地域の事情とは異なり、石川県の場合は旧藩以来から医学や英学などの「高尚学」を重視してきた歴史や経験があり、自県にとってそれらの専門教育機関は「必要急務ナル」ものに変わりないと強調した[24]。

金沢の場合は、以下のような動きが顕著にみられた。金沢中学校の閉校後、同校の教員有志が旧藩邸巽御殿（現在は成巽閣）を借りて私立の英学義塾を開く。これを移管する形で、1873年2月旧藩学校元資金などを運営費として、旧藩邸巽御殿に英仏学校（1874年5月、開成学校進学に必要ない仏語の履修者が減少し、英学校に改称）が設置される。1875年8月には、変則中学校（予科：読物・作文・算術・習字3ヶ月以上、下等：地学・史学・理学・化学・輪講・算術・文章学・作文、上等：史学・博物学・修身学・経済学・生理学・星学・輪講・算術代数・文章学・作文6年）と変則専門学校（法律科6年・産業科5年・算術科4年）を合わせた石川県中学校、翌76年2月には石川県中学校と英学校とを廃して専ら中学教員を養成する啓明学校（1877年7月、中学師範学校と改称）、1881年7月には中学師範学校の教則を改正して石川県専門学校（予備科3年、法学科：日本法律・英国法律・仏国法律・羅馬法律・列国交際法・法律・心理学・論理学・歴史・和漢文、理学科：物理学・地文学・地質学・金石学・植物学・動物学・生理学・数学・図画、文学科：和漢文・英文・歴史・論理学・政治学・経済学・哲学、各学科3年）が設置された。

当時の石川県専門学校について、その出身者で"加賀の三太郎"の一人である西田幾多郎（宇ノ気出身、哲学者）は、次のとおり回想している。

「金沢には石川県専門学校といふ学校があつた。……明治の初年或は旧藩の頃

---

(23) 石川県立図書館編『石川県史料』第2巻、1972年、235〜237頁。
(24) 同上書、242〜251頁。

から設立せられたもので、名は色々変つたらしいが、当時に於て外国語で専門の学業を授ける学校であつた。東京を除いて、地方では、その頃、此の種の学校は殆んど他になかつたらうと思ふ。百万石の力で明治の初年既にかういふ学校が金沢にできたものと思ふ。我々以前の石川県の出身者は、文官は固より武官でも、多少はこの学校を通らない人はなからう。学生といふのは、悉く金沢の旧士族の子弟であり、先生といふのも、皆この学校の卒業生で兄貴分と云つた風であり、七年の学校と云へば、最下級のものと最上級のものとは、可なり年齢の差があるのであるが、それでも誠に親しく、全体が一家族といふ様な温味のある学校であつた。」[25]

　石川県専門学校の教職員は20名ほどおり、その平均年齢は20代の前半で、出身地も石川県の出身者でほぼ占められた[26]。西田の証言にあるとおり、石川県専門学校の出身で母校の教員を務める者も多かった点は特徴的であろう。『石川県学事報告』第6号（1885年5～6月）に記載されている「専門学校卒業生」によれば、林文五郎（中学師範学科卒、石川県）、大島熙（漢学専修科卒、石川県）、田中鉄吉（数学専修科卒、石川県）、渡邊義郡（文学科卒、石川県）、奥田頼太郎（文学科卒、石川県）、駒井覚（理学科卒、石川県）、石田鼎一（文学科卒、石川県）、伊藤亥之吉（文学科卒、石川県）らが母校の教壇に立っている。教育社会学者の天野郁夫は、上記の石川県専門学校卒業生の動向から「石川県専門学校は、中央への人材養成機関でもなく、また士族救済機関でもなく、県の必要とする人材養成機関を目指した。」[27]と考察評価している。東京大学や大学予備門に石川県専門学校が教育制度上直結していない点から、石川県独自の完結した専門教育機関で「中央への人材養成機関」ではなかったとみることはできるが、地元社会にとっての「士族救済機関」の機能を実際に果たしていなかったとみるのは、より実証的な論証が不可欠であり結論

---

(25) 西田幾多郎「山本晁水君の思出」『西田幾多郎全集』第12巻、1966年、岩波書店、245頁。西田は、同様に「金沢は筆頭の大藩であつた所為か、明治の始、他に先んじて西洋の学問が取り入れられ、比較的進んだ専門の学校が設けられた。……上級のものも下級のものも、教師も生徒も、皆友達の様な本当に家族的な学校であつた。」（「明治の始頃、金沢の古本」同上書、211頁）とも述べている。

(26) 板垣英治「石川県専門学校の化学教育」『金沢大学日本海域研究所報告』第36号、2005年、23頁、表1「石川県専門学校の教職員」。

(27) 天野郁夫『学歴の社会史——教育と日本の近代——』1992年、新潮社、31～32頁。

第1章 「学都」金沢形成の端緒——第四高等中学校の設置過程——　　33

付けは早計であろう。

　幕末から明治にかけて、近代学校制度は、身分－階級構造の再生産機能を果たしたのではないか。上中士クラスの士族にとって、経済的な背景からだけで社会移動したのであろうか。学校を媒介して、武士という伝統的な身分に代わって、新たに地位や名誉を与えてくれる権威付けされた官吏・教員・軍人などの職業を志向したのではないかという推測ができる。福地重孝の研究[28]によれば、それらの職業には武士として培われた「名誉意識」を損なわない、武士と共通する「士族意識」という性格をもち、俸禄システムに類似した定期的な俸給が支給される点に特徴があったと指摘されている。さらに、広田照幸らによる教育社会学・歴史社会学研究の知見[29]によると、学校卒業者名簿などから士族の学校教育機会の特徴を、次のように指摘している。平民とは異なり高い学校教育への進出率をみせた士族の子弟は、（１）実業への忌避傾向がある、（２）官吏・教員・軍人など公的に威信づけられた職業への志向性がある、（３）官立上級学校への高い進学率がみられる、などの特徴を有している。明治維新以後の士族動向を、学校教育とのかかわりから詳細に分析解明していくことは、だれが、どのようにして教育機会を選択し、実際に享受したのかといった点からみて、近代日本教育史研究の課題といえよう。

　加賀藩御算用者としての猪山家の生活実態を追究した磯田道史の研究[30]によれば、明治維新後の猪山家は、子弟を教育すること、学問こそが将来の生活の糧である、職業地位を獲得する手段であると選択し、実際に行動している。また、金沢一中（1893年設置）卒業生の動向から旧加賀藩士族子弟の社会移動を明らかにしようとする井上好人の分析[31]では、1897〜1903（明治30〜36）年の金沢一中卒業者48名の家格をみると、上士（御目見以上の平士から上）19％、下士（与力から御歩並までと陪臣で士族編入された給人・中小将・小将）54

---

(28)　福地重孝『士族と士族意識　近代日本を興せるもの・亡ぼすもの』1956年、春秋社。
(29)　園田英弘・濱名篤・広田照幸『士族の歴史社会学的研究——武士の近代——』2005年、名古屋大学出版会。
(30)　磯田道史『武士の家計簿　「加賀藩御算用者」の幕末維新』2004年、新潮社。
(31)　井上好人「金沢一中卒業生からみた旧加賀藩士族の社会移動」日本教育社会学会『教育社会学研究』第73集、2003年、5〜24頁。

％、卒族（足軽・小者以下）27％と報告されている。近年の士族研究の展開から、明治維新以降、士族といっても当然ながら単一集団と捉えるよりも、旧藩時代からの武士の財産ストックや文化的な教養などから、士族子弟の学校利用や職業選択に違いがみられるであろうことが推測できる。今後、石川県専門学校や第四高等中学校の学籍簿や卒業者名簿など（金沢大学資料館所蔵）を詳細に分析していくことによって、上記の推測を立証することが可能と思われる。

　石川県専門学校の化学教育を研究している板垣英治は、石川県専門学校の理科教育について「基礎化学から無機化学、有機化学と学び、さらに分析化学、製造化学と進んだことは、当時の東京大学理学部化学科の教育に準じたものであった。……化学の入門書のみでなく、当時の最新の化学情報を記載した専門的な書籍も購入されており、生徒の教育のために使用されていたと見られる。」[32]と、当時としては中央の専門教育に匹敵する教育水準の高さを評価している。また板垣は、石川県専門学校では洋書を教科書として多数冊購入して、生徒に有料で貸し出して授業を行っていた点にも注目している。この制度の原形は、すでに1870（明治3）年11月の金沢中学東校変則寮学則の第7条にも、以下のとおりみられた。

　　「書籍拝借又ハ御払下ケヲ願フ者ハ書籍局ヘ可申出事　辞書ハ独見ノ学力アル
　　生徒ニハ人員ニ応シ一局一部宛御貸渡ノ事」[33]

　上記の金沢中学東校の規定と同様に、1870年閏10月の「大学南校規則」の第16条には、「書籍拝借又ハ御払下ケヲ願フ者ハ書籍局ヘ可申出事」とある。月村辰雄代表『東京大学初期洋書教科書についての総合的研究』（2004年5月、科学研究費成果報告書）によれば、高価なうえ取り寄せが非常に困難であった洋書教科書を、学生らのために大学が大量に購入して、学校の物品管理をつとめる書籍局でその洋書教科書を学生らに貸し出し及び販売を行ったとされる[34]。そのような中央での最先端な学校システムと同様なものを、同

---

(32) 板垣英治：前掲書、33頁。
(33) 文部省編『日本教育史資料』第6巻、395頁。
(34) 月村辰雄代表『東京大学初期洋書教科書についての総合的研究』（科学研究費成果報告書）

第1章 「学都」金沢形成の端緒——第四高等中学校の設置過程—— 35

時期にすでに金沢でもいち早く導入・実施していたのである。

1883（明治16）年に、経費節減のため存続の可能性が少ないとして、輪島師範学校と金沢女子師範学校が金沢師範学校に合併統合され、石川県師範学校と改称された。その際に、県専門学校と師範学校との合併案が県会では提起される。しかし、東京の「大学」に匹敵するほどの「高尚な学科」を有する専門学校を、学科課程がまったく異なり、「生徒の目的志操も自ら異なる」師範学校と統合するのは、一時的な短慮に過ぎ、県会では「猛省」して、従来とおり師範学校と専門学校の両校存続で合意された。地域にとっての県専門学校の存在意義が、改めて確認されたといえよう。

第3節　第四高等中学校の設置過程

ところが、金沢中学校の閉校の事態と同じように、地元にとって再び状況が緊迫化する。1886（明治19）年4月、初代文部大臣森有礼によって「中学校令」（勅令第15号）が公布された。それによって、全国5つの地域に官立の「高等中学校」を1校ずつ設置することとなり、その設置場所や区域については、文部大臣が定めるものとされたのである。

高等中学校は、各府県単位で設置・運営される尋常中学校の上級教育機関にあたり、従前の大学予備門（東京）に代わって、全国各地からの優秀な人材を恒常的に安定確保するため、帝国大学への進学予科的な機能を担うものとされた。加えて、医学などの専門教育を高等中学校の専門部として附設することによって、専門教育によって地域社会の振興も同時に図ろうと政策的には試みられたと考える。

1886年4月の段階では、5つの官立高等中学校の設置は法令上定められたが、その設置区域などについては不透明であった。大学予備門を改組し、第一高等中学校を置くことになった東京以外は、全国的に高等中学校の誘致活動が行われる余地を残した。第三高等中学校も、当初大学分校があった大阪に置くとされたが、府会からの申し出もあって移転することとなり、代わっ

2004年、6頁及び14頁。

36

て京都が素早く寄附金を捻出し、高等中学校の誘致を獲得した。

　文部大臣の管理に属する官立高等中学校ではあったが、当初その経費は国庫と各設置区域の地方税の双方で負担するとされた。また、「中学校令」と同時に発布された「諸学校通則」（勅令第16号）によって、「設置維持スルニ足ルヘキ金額ヲ寄附シ其管理ヲ文部大臣又ハ府県知事県令ニ願出」（第1条）るものについては、高等中学校として認可するものとした。山口（1886年11月設置）と鹿児島（1887年12月設置）は、地元有志の寄附願い出があって、「通則」適用の高等中学校として認められた。

　このような中央政策の動向を踏まえて、石川県は積極的に自らの意志で高等中学校の誘致活動を展開していく。当時、石川県専門学校の教員を務めていた北條時敬（のち第四高等学校長）の日記（西田幾多郎編『廓堂片影』1931年所収）などには、「宴会費等到底聊カ余金アレバ奢侈ノ心生シ贅費ヲ増ス」[35]とする誘致活動の詳細が記されている。

　県学務課長の檜垣直右や校長の武部直松を筆頭とする石川県専門学校は、石川県令（のち県知事）の岩村高俊や石川県会の河瀬貫一郎、真館貞造らを積極的に誘致活動の主体へ巻き込んでいった。1886年5月には、県会の河瀬と真館が高等中学校誘致の嘆願に早速上京している。また、山川健次郎ら帝国大学教授に対しても、高等中学校選定の側面支援を要請している。地元視察に金沢を訪れた文部省学務局長の折田彦一や文部次官の辻新次に対して、鍔甚や山ノ尾といった高級料亭で相応にもてなし、辻次官が会長を務める大日本教育会の支会設置を誇り、県民の教育熱心さが高く称賛を受けた[36]。同年7月末には、実際の高等中学校設置にともなう経費募集について検討する段階にまで達する。1886年11月末、文部省は高等中学校の設置区域を公表し

---

(35) 西田幾多郎編『廓堂片影』1931年、778頁。

(36) 来沢した辻次官は、1886年7月24日宴会を催した県関係者らに対して、次のような謝辞を述べている。
　「過般河瀬、真館、岡田等ノ諸君カ教育事業ノ為メニ特ニ上京セラレタルカ如キ……特ニ今夕ノ如キカカル盛会ヲ開カレタル……皆是諸君ノ教育ニ熱心ナルヲ証スルニ足ルヘシ……蓋シ諸君ノ熱心斯ノ如シ此熱心ヲ以テ教育ニ従事セラレハ其好結果ヲ得ルコト明瞭ナレハ今将タ小生ノ言ヲ要セサレハナリ……今般ノ旅行中ノ最土産トシテ東京ニ携帯セントスルモノ実ニ諸君カ教育ニ熱心セラルルノ情況ニ在リ」（「文部次官学事巡視随行私記」『大日本教育会雑誌』第40号、1886年9月、38〜43頁）。

第1章 「学都」金沢形成の端緒——第四高等中学校の設置過程—— 37

た。この中で、新潟県、福井県、富山県、石川県の北陸4県を第四区に指定し、石川県の金沢に高等中学校を設置するとした。翌87年4月の文部省告示第3号によって、金沢に設置された高等中学校を第四高等中学校（だいしこうとうちゅうがっこう）と称した。

勅令第十五号中学校令第四条ニ基キ高等中学校ノ設置区域ヲ定メルコト左ノ如シ
　高等中学校ノ設置区域
第一条　高等中学校ノ設置区域
　第一区
　　東京府　神奈川県　埼玉県　千葉県　茨城県　群馬県　栃木県　愛知県
　　静岡県　山梨県　長野県
　第二区
　　宮城県　福島県　岩手県　青森県　山形県　秋田県
　第三区
　　京都府　大阪府　兵庫県　奈良県　三重県　滋賀県　岐阜県　鳥取県
　　島根県　岡山県　広島県　山口県　和歌山県　徳島県　香川県　愛媛県
　　高知県
　第四区
　　新潟県　福井県　石川県　富山県
　第五区
　　長崎県　福岡県　大分県　佐賀県　熊本県　宮崎県　鹿児島県
第二条　高等中学校ノ位置第一区ハ東京第三区ハ京都第四区ハ金沢トシ第二区第五区ハ
　　追テ之ヲ定ム

　　　　　　　　　　　　　　　　　　　　　＊下線は谷本強調。

　高等中学校の誘致にかかる要因として、実際には高等中学校の設置経費を地元の地域社会でいかに準備できるかが大きい要因である。当時、視学官を務めた中川元（のち第四高等中学校長）は、第二地方部を巡視して次のような見解を示している。

　「地方部内ニ高等中学校ノ一日モ速ニ設置セラレンコトヲ冀望スルハ各県皆同一気ナリト雖モ費用支出ノ点ニ至リ山口等ノ県ニ設置セシ中学校ノ例ニ倣ヒ高等中学校設置ノ地方ハ一県ニ於テ数拾万円ノ資金ヲ積ミ其利子金ヲ以テ毎歳ノ

経費ニ充ツルノ計画ヲナスニアラサレハ設置ヲ許可サレサルモノト速了シ各県互ニ競争拮抗ノ勢ヲ呈シ我カ県ニ設置センカ資金ヲ支出スルノ道ナク之ヲ他県ニ譲ランカ一県ノ面目ニ関セリ取捨何レニ決セント大ニ痛頭焦慮セシ」[37]

　高等中学校の設置は、地域にとっては自県の「面目」をかけた競い合いという様相を呈していた。石川県と同じ第四区内でも、「諸学校通則」の適用を目指して、1887年1月新潟県知事の篠崎五郎（鹿児島県出身）が高等中学校設置のために、50万円（5ヶ年）の資金募集を県民に対して広く呼びかけている。しかし、その趣旨が県民に充分に理解浸透されず、資金募集は目標の途上で終わる。

　　「而シテ智力ノ状果シテ何如……吾県属スル所ハ石川県金沢トス其近キモノハ東京及ヒ仙台ナリ之レヲ以テ家ニ資産ヲ有シ熱心ニ学ニ志スノ士ハ或ハ笈ヲ負フテ此等ノ地ニ留学スヘシト雖モ是ハ必ス僅々ナランノミ未タ県下一般ノ後進ニ望ムヘカラズ然レハ則ハ是ヲ如何シテ可ナランカ県下ニ一ノ高等中学校ヲ建設シテ以テ後進修学ノ途ヲ開クニ若クモノナキナリ」[38]

　いっぽう、官立高等中学校設置の内定を確実なものとするため、1886年12月、岩村県知事は「石川県高等中学校資本金醸集趣意書」を発表し、県民に対して高等中学校設置資金の募集を呼びかけた。

　　「我石川県ノ専門学校医学校ノ如キハ廃絶ニ帰セサルヲ得サルノ勢アリ是ニ於テカ大ニ憂ヒテ謂フ今若シ右両校ヲ廃シ換ルニ尋常中学校ヲ以テセハ其授クル所ノ学業甚卑ク県下学生ヲ育成スルコト復今日ノ如クナルコト能ハス……切ニ之ヲ継続センコトヲ謀ルニ唯我県下ニ一ノ高等中学校ノ設立ヲ望ムノ外他ノ方法ナキモノトス然ルニ幸ニ政府ニ於テハ我県教育ノ進歩ト県民ノ教育ニ熱心スルトヲ洞察セラレシニヤ……第四高等中学校ヲ本県金沢ニ指定セラレタリ是実ニ政府ノ殊遇我県ノ面目ニシテ将来高等教育ノ隆盛ヲ見ル期シテ待ツヘシ……高等中学校ヲ設置セラルルニ於テハ莫大ノ金額ヲ要スヘクニ付地方ニ於テモ拾数万円ヲ醸出ナカルヘカラス……其殊遇ニ酬フル所ノ義務ヲ尽サレンコトヲ高俊懇望ノ至リニ堪ヘス因テ資本金募集ノ方案一二ヲ附記シ……明治十九年十二月　　岩村高俊　一石川県管属ノ官吏教員ハ月俸一ヶ月分ヨリ少ナカラサル義捐

---

(37)「中川視学官演説并復命書ノ一斑」『大日本教育会雑誌』第43号、1886年11月、42〜43頁。
(38)「新潟県高等中学校設置趣旨」『大日本教育会雑誌』第49号、1887年2月、34〜39頁。

第1章 「学都」金沢形成の端緒——第四高等中学校の設置過程——　39

金ヲ求メル事　一石川県ヘ縁故アル他府県人ヘハ随意義捐金ヲ請フ事　一各郡区ニ於テハ有志者ノ集会ヲ開キ捐資ヲ勧誘スヘキ事　一石川県管属者ニシテ他府県ニ奉職スル文武官教官ヘ送信シ第一項ニ準シ捐金ヲ求ムル事」[39]

　岩村の趣意説明によれば、次のとおり記されている。県専門学校や医学校は今や廃校の運命にあり、この危機的な教育状況を打開するためには、現状の石川県には2つの選択肢が考えられる。1つは尋常中学校を、もう1つは高等中学校を県内に設置する方策である。前者の尋常中学校では、教育水準としては低く学生を安定的に育成することはできないであろう。したがって、高等中学校を設置する選択肢しか、石川県のとるべき道は残されていない。そのためには、設置資金として10万円以上は必要であり、この資金をなんとか地元地域で準備しなければならないと強調する。資金の調達方法として、県職員・教員から月給の1ヶ月分の義捐金を、また各郡区で開いた勧誘集会から義捐金を、他府県への転勤・在住者などから醵金を広く呼びかけた。

　1893年10月に竣工する新校舎の創設費11万7253円の内訳をみると、その7割近くの7万8023円余りを旧藩主の前田利嗣から、残りを地元有志者の寄附金で賄っている。岩村県知事[40]や県会議員らの熱心な誘致活動に、旧藩主の前田侯や地元有志者の財政支援[41]も実際に加わって、高等中学校は北陸

---

(39) 「石川県高等中学校資本金醵集趣意書」『大日本教育会雑誌』第45号、1886年12月、46～48頁。

(40) 第2代石川県令・初代石川県知事を務めた岩村高俊は、土佐士族出身で、岩倉具視のもとで戊辰戦争にも参戦した。石川県での在職期間は、1883年1月から7年4ヶ月。一党一派に偏しない行政方針で、「石川県知事中空前絶後の大豪傑であった」（千石喜久『石川県歴代長官物語』1929年、46頁）とされる。第四高等中学校新築校舎の敷地選定にあたっても、小立野・十一屋などの候補地が挙がりながらも、石川県師範学校・県会議事堂を移築させるなどして、現在の石川近代文学館（広坂）の地に決断した。1888年4月の第1回臨時県会において、岩村県知事は次のように述べている。「抑モ高等中学校ノ経営タル実ニ北陸ノ一大壮観ニシテ我石川県ノ美観亦之レヨリ大ナルモノアラス　然リ而シテ其位置ノ宜キヲ得ルト否トハ亦我県ノ利益ニ関スル尤モ少シトセス」（『石川県議会史』第1巻、1969年、861頁）。

(41) 1887年10月26日、地域発展のために力を注いでいる菓子舗の森下森八や薬問屋の中屋彦十郎など地元実業家204名が、第四高等中学校に百科事典『エンサイクロペデイア・ブリタニカ』全25冊（第9版）を寄贈している。
　「曩者第四高等中学校ヲ我石川県金沢ニ置カル県民皆感激欣躍措ク所ヲ知ラス今茲ニ森文部大臣閣下視ラルルニ際シ森八等相謀リ本日ヲ以テ閣下ヲ奉待シ感欣ノ意ヲ表セントス閣下速ニ寵臨ノ栄賜ヲ実ニ希有ノ盛事トス森八等面ノアタリ此盛事ニ逢ヒ肺肝ニ銘シテ永ク忘ルル事ナカランカ為メ茲ニ英国倫敦新刊「エンサイクロピヂアブリタニカ」壹部ヲ第

40

の金沢に設置されることになったといえよう。

　高等中学校が金沢に設置されるにいたった背景は、直接的な経費の点だけではけっしてないであろう。『第四高等中学校一覧』(1889年) の巻末には、「石川県専門学校沿革略」と「石川県甲種医学校沿革略」が第四高等中学校の前史として記載されている。これは、1886年7月に文部次官の辻新次一行が視察に訪れた折りに、歴史的な地元での学問・教育の系譜を重要視する「石川県専門学校創立前ノ沿革ハ本県文化ニ関係アル一部ノ教育史ナレハ之ヲ追録スヘシ」[42]という辻次官からの助言を受けてのことであった。『学校一覧』の巻末序文には、「〔第四高等中学校〕本部ハ石川県専門学校校舎ヲ仮用シ医学部ハ石川県甲種医学校校舎ヲ仮用シ尋テ両校廃スルニ到テ其地所校舎図書器械等総テ本校〔第四高等中学校〕ノ所属ニ帰ス故ニ両校ノ沿革ハ自ラ本校ノ沿革ニ密接ノ関係ヲ有スルヲ以テ其概要ヲ左ニ摘記ス」と記されている。政策遂行者側の文部省としても、これから高等教育の普及・展開をはかるためには、各地域における施設・図書・人材などを充分に有効活用しなければならないと考えたはずである[43]。

　しかし、初期の帝国議会では、自由党議員の長谷川泰 (新潟県出身) らが中心となって、国の経費削減をはかるため高等中学校の廃止論が展開された。5つの高等中学校経費は、文部省の全体経費の2割を占めるほどであった (1889年度)。高等中学校の運営経費が国費のみとなったこともあり、高等中学校の設置目的が問題視され、その役割・機能も批判の対象に挙がった。地方都市にある第二・第四・第五高等中学校を廃止し、大都市部にある第一・第三高等中学校を存置して東京・西京大学という2大学設置構想を長谷川は掲げた。第一回帝国議会 (1890年11月〜1891年3月) の予算委員会では、最終的には否決されることになるが、いったんは1891年度の文部省予算案において

　　四高等中学校ニ納メ以テ今日ノ紀念ト為サント欲ス閣下森八等ノ微志ヲ察シ之レヲ聴サレハ
　　何ノ幸カ之ニ如カン　明治二十年十月二十六日　有志人民総代森下森八　謹白」(「紀念献本
　　表文」『森下家文書』金沢市史編さん事務局所蔵)。
(42)「文部次官学事巡視随行私記」『大日本教育会雑誌』第41号、1886年10月、33〜38頁。
(43) 辻文部次官は、金沢の教育事情について、次のようにも述べている。
　　「夫レ加能ノ地タル雄藩ノ故跡ニ属シ已ニ庶アリ又富ミ教育施設ノ範囲固ヨリ浩繁ナルヲ以テ
　　之レガ上進普及ヲ図ルヘキモノ亦甚タ多カラン」(『石川県師範学校同窓会雑誌』第5号、進
　　1887年4月、北溟社、97頁)。

第1章 「学都」金沢形成の端緒——第四高等中学校の設置過程—— 41

高等中学校の廃止（ゼロ査定）が決められた。

　このような帝国議会の動きに対抗して、河瀬貫一郎や森下森八といった高等中学校の設置に尽力した者を含めた県教育会や県・市会などの有志が、「高等中学校存立ノ儀ニ付請願」[44]をまとめ、衆議院に提出するため、県内各地を署名・捺印の協力要請に回っている。高等中学校存立のための「請願」には、「設置ヲ希望スル地方ニ於テハ争フテ金ヲ醸シ資ヲ献シテ以テ稍クニ希望ヲ徹底スルコトヲ得」てようやく地元に獲得することができた高等中学校を、政策側の都合だけで地元の事情を無視して一方的にほごにすることはできないという反対理由が強調されている。高等中学校は、もはや「地方学事」の中心として「地方人民ヲシテ進学ノ心ヲ振起」させ、「立身処世ノ道」を志す青年子弟にとっての「高等ノ教育ヲ受クルノ門即チ大学ニ入ルノ楷梯」となっている。高等中学校を運営するだけの相当経費の捻出は、国以上に不安定な地方財政、「一県若クハ数県ノ小経済」に委ねることは難しい。高等中学校に代替する学校を現状では望めない以上、高等中学校の廃止は、設置地域にしてみれば「況ンヤ最親ノ父兄ハ多年衣食ノ資ヲ割キテ学費ヲ供シ最愛ノ子弟ハ刻苦蛍雪ノ労ヲ積ミ以テ彼我互ニ相期スル所アルニモ拘ラス其学生カ一朝失路ノ人タルト同時ニ其失費辛労ハ徒ニ水泡ニ帰シテ互ニ暗涙ヲ呑ムノ不幸ニ陥ルニ於テヲヤ」を意味するものであった。

　帝国大学文科大学長を務める教育家の外山正一も、経費節減を目的とする帝国議会での高等中学校廃止論を批判して地方の教育振興を主張した。「政費節減の為めに高等中学は宜しく廃すべきものなりといふの説あり、甚だ面白き説なり、然れども余輩の説は大に之れと異なるものなり」とした「高等中学存廃に関する意見」（東京大学附属図書館所蔵、年代不明、1891年ころ作成か）では、「余輩は身心未熟なる地方子弟の都下に輻湊するの流弊を止むるは今日の急務なりと思ふものなり。余輩は地方の高等中学及び尋常中学等を拡張するは目下の急務なりと信ずるものなり。」として、「よしや第一高等中学は之を縮小するも地方の高等中学は之を拡張せずんばあらざるなり」と強調した。外山によれば、「余は故森有礼君が文部大臣たられし時に、早く既に文

---

(44)「高等中学校存立請願」『久徴館同窓会雑誌』第32号、1891年1月、32〜35頁。

部大臣に説く」として、自説を森有礼文部大臣にも進言していたという。外山は、地方教育の実際の振興をはかるため、各地で講演活動を積極的に行った。「高知県に高等中学を設立すべきの意見」（同上館所蔵、1888年8月）では、「高知県には高等中学の設けなく、高知県人にして高等教育を受けんと欲するものは他の地方に行かざるを得ずとせば、資力に富まざるの士は如何程学問に熱心なるも其志を空ふせざるを得ざる」とし、「志士に富む」高知県には高等中学校を設置して「之を天下に示されん」と鼓舞した。外山の著書『藩閥之将来』（1899年、博文館）では、高等中学校が新潟県に設置されなかった事情について、次のように述べている。

　「新潟県杯ハ何ンタル相違デアルカ、卓見ナル篠崎知事ガ、十年モ前ニ五十万円ノ資金ヲ募ッテ、高等学校ヲ新潟県ニ興ソウトイフ計画ヲセラレタ所ガ、一向ニ賛成者モナカッタガ為ニ、終ニ斯ル有益ナル計画モ実行ヲ見ルニ至ラナカッタノデアル、山口県デ行ハレタ事ガ、新潟県デ行ハレナカッタノハ如何ナル故デアルカ、人口ノ寡ナイ故デアルカ、新潟県ノ人口ハ山口県ノ人口ノ殆ンド倍デアル、貧困ノ故デアルカ、人口ニ於テノミナラズ、富ニ於テモ、面積ニ於テモ、新潟県ハ殆ンド全国第一ノ大県デアル、而シテ、下等人民ニハ貧者モ少ナカラヌデアラウガ、富者ニハ大藩旧藩主ノ財産ニモ劣ラヌ程ノ財産ノモノモ多数アルノデアル、山口県デ難ナク出来タ高等学校設立ノ事ガ、新潟県デ出来ナカッタノハ人口ヤ富ノ故ナノデハナイノデアル、社会ノ主動者タル有力卓見ノ先輩元老ノ強固ナル団体ガ、山口ニハ在ッテ新潟ニハナイトイフ、其ノ異動ノ全ク故デアル」（同上書、82〜83頁）。

　新潟県では、よきリーダーシップを支える地元の団体組織が不在であったことが大きな問題とする。外山の指摘とおり、同郷会（旧藩・県人会）などの地元有志による親睦・交流団体は、教育をはじめ地域社会発展のために貢献尽力した。地理的・地縁的な人間関係を基にしながら展開していった高等中学校の誘致活動は、旧藩出身・県人意識の絆、結束を確認させるものであった。

第4節　第四高等中学校の運営経費問題

　高等中学校の運営経費は、「中学校令」第5条によって国庫と地方税とによって支弁されるとしたが、1887（明治20）年8月地方税の負担額は各学校経費の2分の1を超えることはないと規定された。1888年度の第四高等中学校経費4万5000円に対し、設置地域の負担額は2万2500円であった。

　1887年10月に金沢で開かれた第四高等中学校区域委員会では、地方負担額2万2500円を、設置区域第四区の新潟・福井・富山・石川の4県でいかに分担負担するかが協議された。その席上、高等中学校の地元誘致に失敗した新潟県の委員から、自県の所属する高等中学校設置区域の変更建議が提出されるなど活発な議論が生じた。従来の先行研究では、第四区における高等中学校設置区域内での地域間の議論が十分に明らかにされていない。資料上の制約が大きいためかと思われるが、第四区については金沢大学附属図書館に『第四高等中学校区域委員会議事筆記』や『第四高等中学校区域委員会議案』が現蔵されている。高等中学校の設置をめぐって、地域間の利害関係が如実に表れるその議論の様相を、以下に紹介する。

　　「県下ニアル学校ハ已ムヲ得サル事情アリテ東京ニ出ツル能ハサル生徒ノ為ニ設ケ置クカ如キ実ヲ為セリ既ニ述ルカ如ク膝下ノ学校スラ之ヲ措テ東京ニ学フ況シヤ自県ト大差ナキ他県ノ学校ニ入ルモノアランヤ苟モ自県ヲ去ツテ他ニ学ハントスルモノ誰カ東京ニ出サルアランヤ世間亦新潟県ニ類スルモノナキニアラサルヘシ然ラハ則仮令経費ハ多分ニ要スル場合アリトスルモ東京ニ学フノ便且ツ利ニ若カサルナリ　已上論スルカ如キ感アルヲ以テ茲ニ諸君ニ謀リ以テ第四高等中学校区域変更ノ建議ヲ政府ニ向テ為サント欲ス其四県ヲ挙ケテ第一高等中学区ニ組入ルカ若クハ石川ニハ依然据置クカ其辺ノ議ニ至テハ第二次ニ於テ成文ケ都合ヨキ方ニ為サント欲ス今ヤ茲ニ単ニ区域変更ノ建議ヲ提出セリ」（10月18日、新潟県桑原重正委員の発言）

　　「第四ハ僅カ四県ヲ併セタルヲ以テ見ルモ其不完全ナルハ弁論ヲ俟タスシテ明カナリ既ニ新潟県ノ如キハ鉄道アルヲ以テ僅カ数時間ニシテ東京ニ到達スルノ便アリ其ヲ第四ヘ合併セラレタルハ解スル克ハスト雖モ里程ノ遠近ハ姑ク論セス専ラ経済ヲ目的トセンニ石川福井ハ第三富山新潟ハ第一ニ合併シ完全無欠ノ

44

学校ヲ設置センコトヲ希望ス」（同日、福井県永田定右衞門委員の発言）

　新潟県の桑原委員は、「県内の多くの生徒は、残念なことであるが便利の
よい東京に進学している状況である。新潟県としては、設置区域を変更して
第一高等中学校の区域に参入したい。」とした。また、福井県の永田委員も
「経済の観点からみると、第四区に不完全な高等中学校を設置するよりも、
石川県と福井県は第三区に、富山県と新潟県は第一区に合併した方がよい。」
と主張した。

　当初、第四区の地方負担額２万2500円は、国税・地方税・人口を率として
新潟県7327円・富山県3371円・福井県2786円・石川県9014円という内訳であ
ったが、激しい議論の結果、新潟県6361円・富山県2921円・福井県2422円・
石川県１万794円と修正されたのである。高等中学校が地元に設置された石
川県の負担は、他の３県に比べより負担増が強いられたのである。

金二二五〇〇円
　内
　金七三二七円五九銭五厘　　新潟県負担
（国税割当金二七二七円八一銭三厘・地方税割当金八五八円一四銭六厘・人口
割当金三七四一円六三銭六厘）
　　金三三七一円六二銭一厘　　富山県負担
（国税割当金一三一四円六二銭一厘・地方税割当金四二〇円八銭・人口割当金
　一六三六円九六銭）
　　金九〇一四円六七銭四厘　　石川県負担
（国税割当金一二六六円七〇銭三厘・地方税割当金四二四円八七銭九厘・人口
割当金一六九八円九銭二厘・増課金五六二五円）
　　金二七八六円七銭　　福井県負担
（国税割当金一〇八六円九七銭・地方税割当金三三八円二八銭八厘・人口割当
金一三六〇円八一銭二厘）
本年文部省令第八号ヲ以テ第四高等中学校経費中区域内各県負担額ヲ被定タル
ニ依リ其総額十分ノ七分五ハ之ヲ二分シ其一半ハ各県自明治十四年度至同十
六年度三ヶ年度国税ト地方税トヲ率トシ一半ハ明治十八年ノ人口ヲ率トシ残
リ二分五ハ石川県ニ増課スルノ見込ヲ以テ本案ヲ編製セシモノナリ
　　　　　　　　（『第四高等中学校区域委員会議案』所収の第１号議案）

> 金二二五〇〇円
> 内
>   金六三六一円三八銭七厘　新潟県負担
>   金二九二一円六七銭　富山県負担
>   金一〇七九四円八六銭七厘　石川県負担
>   金二四二二円七銭六厘　福井県負担
> 修正大意
> 該簀ノ十分ノ六分五厘ヲ折半シ其一半ハ明治十八年ノ人口一半ハ明治十六年
> ノ国税ヲ率トシ残リ三分五厘ハ校舎所在地ヘ増課スヘキ歩合ニ更シタルナリ
>
> 　　　　　　　　　　　　　　　　　　（同上議案に対し朱書きで訂正）

　第四区それぞれの地域にも、県域の変化や相応の地域事情があったものと思われる。富山は、旧加賀藩時代からの金沢支配を想起されたが、ようやく県として分離独立したところであった。福井も、京・大阪とのかかわり深い旧名藩であるという自負を有していた。1877年、敦賀県及び越前7郡が石川県に合併されたのを機に、大野（福井県）、武生（福井県）、大聖寺（石川県）、輪島（石川県）の支校を廃止し、金沢に石川県第一師範学校、富山に石川県第二師範学校、福井に石川県第三師範学校が設置された。その後、福井県、富山県がそれぞれ設置されたため、1881年には福井に、1883年には富山に男女の各師範学校が設置された。行政上にみる県域の変化が当時の学校教育の在り方にも、少なからず影響を与えたのである。

　福井県、富山県は、歴史的な経緯から石川県と少なからず関係性を有してきたが、新潟県は高等中学校設置の第四区に唐突に指定された印象であった[45]。新潟については、薩摩出身の篠崎県知事が「諸学校通則」に準拠する高等中学校の設置を呼びかけたが、多くの県民の理解を得られなかった。

---

(45) 『新潟新聞』第2383号（明治19年11月16日）では、「高等中学校　同学校ハ既に第一を東京に第三を大阪に設立せしが更に第二を京都に設置する筈にて其地所を選定せしが尚ほ第四第五の二ヶ所を宮城長崎の両県下へ設置することに決せし由」といった情報を報道していた。いっぽう富山の『中越新聞』第406号（明治19年5月21日）では、「今度教育上の事に付其筋へ上申の為め有志者が上京さるるが其人々ハ河瀬貫一郎（県会議長）真館貞造（常置委員）岡野是保（県会議員）の三氏にて明十八日当地を出発さる其上申ハ高等中学校を当地に設置ありたしとの事なるべしと云へど如何にや」といった石川県の動向をいち早く報道していたのである。

県庁所在地の新潟と城下町の長岡との県内における地域間の摩擦葛藤[46]も、その一端として影響していたものと考えられる。第四区を構成する4県それぞれの思惑や立場が、高等中学校の運営経費を審議する高等中学校区域委員会でも交錯した状況であった。

第四高等中学校区域委員会では、設置区域負担の内訳基準について各県代表から異議が挙がった。富山県の田村委員は、「国税と地方税とをその率に取ったのはなぜか。国税の場合は大きな変動はないが、地方税は当該年度によっては差が大きい。富山県は、まして明治一六年に石川県から独立したばかりの県である。」として、「高等中学校所在地である石川県の増課分は原案よりもさらに増やし、変動の少ない国税と人口を率に取ってはどうか。」と主張した。また、新潟県の桑原委員は「石川県は、学校所在地であるため利益が大きい。二分五厘を増課するのは当然である。」とし、「原案を修正して、新潟県と福井県の負担額を削除したい。」と訴えた。福井県の山口委員も、「石川県の増課分は、負担額の四分とするべきだ。」とした。

　「国税ト地方税トハ十四十五十六ノ三カ年ヲ率ニ用イラレタルカ十四十五ノ二カ年ハ未タ富山県ノ称ナク十六年ニ至リ始メテ富山県ヲ置カレ福井県モ然リ然ルニ十四十五年ノ二カ年ヲ率ニ取ラレタルハ如何様ノ調ニ依レリヤ又地方税ト国税トヲ率ニ取ラレタルハ何等ノ理由アリ然ルカ元来国税ハ年々大ナル異動ナキモ地方税ハ其年度ノ情態ニ依リ民力ノ耐ユル能ハサル場合ニ於テモ止ヲ得ス支出ヲ謀ルカ如キ事情アリテ年々大差アルモノト云ハサルヲ得ス其ヲ国税ト地方税ト同視シテ率ニ取ラレタルハ如何」（10月18日、富山県田村惟昌委員の発言）

　「石川県ハ学校所在地故幸福ヲ享ル多キカ為メ二分五厘ヲ増課スルナルヘシ是等ヲ以テ考フレハ利益ヲ享ル大小ヲ計リ負担ニ軽重アルヘキ道理トス果ノ然ル

---

(46) たとえば、「中学校令」に基づく新潟県内初の尋常中学校の設置をめぐって、新潟と長岡は激しい設置運動を行った。当時新潟の市会議長を務めていた八木朋直の回想には、次のように記されている。「始めて出来る中学校を長岡にやる事は遺憾なれば、是非新潟市に建つ様に運動して見たい……双方にて味方の議員が旅行でもして居る者あれば呼戻しの手配をなし、一方敵方議員の頭数をへらす計略を為すより外致方なし。……互に暴行等はなさず、敵方の議員を押へて料理屋又は貸座敷等へ仕舞込て議場を欠席なさしめ、或は病気として帰村せしむる等の非常手段をなす」（新潟県教育百年史編さん委員会『新潟県教育百年史　明治編』1970年、1179頁）。

トキハ国税地方税人口ヲ目安トセシ其道理如何ヲ問フナリ」（同日、桑原委員の発言）

「原案ノ目安ノ石川県ヘ十分ノ二分五厘ノ増課ヲ十分ノ三ニ改メ其ノ残額ヲ折半シ一半ヲ十四年度ヨリ十六年度ニ至ル三カ年間ノ国税一半ヲ十八年度ノ人口ヲ率ニ取リ四県ニ賦課スルナリ而シテ石川県ヲ三分ニ増課スルノ主旨ハ学校所在地ハ其利益ヲ享ルコト多シ故ニ二分五厘ヲ軽シトスルカ為メナリ」（10月19日、田村委員の発言）

「修正ヲ要ス他ナシ新潟県福井県ノ両県ノ負担額ヲ姑ク削除シ置カン」（同日、桑原委員の発言）

「其歩分ハ総額ノ十分ノ四ヲ学校所在地ヘ増課シ残額十分ノ六ヲ折半シ其一半ハ生徒志願者人員ヲ率トシ残リ一半ハ十四年度ノ人口ヲ率ニ取リ四県ヘ賦課スルモノナリ其理由ハ粗ホ十二番〔田村委員〕ト同一ニシテ校舎所在地ノ負担少ク軽シト認メタル為メナリ」（同日、福井県山口謙之助委員の発言）

このような石川県のさらなる増課分をもとめる他県からの意見に対して、負担過多を強調する石川県側から、次のような反論がみられた。石川県の浅野委員は、「学校所在地の増課分なく、設置区域内の諸県で均等に負担すべきではないか。」とし、「石川県は、新校舎の建築費においても巨額な経費を負担している。これに加えて、さらなる増課分までは不可能である。」と訴えた。石川県の真館委員は、「第四区は他の設置区域に比べ、四県のみで構成されている。第一高等中学校設置区域の負担からみれば、数倍の重税である。第四区の場合、他区域とのバランスから国庫より補助金の要請を文部省に上申すべきではないか。」と主張した。

「十二番〔田村委員〕ハ校舎所在地ノ利益ヲ享ル程度ヲ進メ石川県ヘ三分ヲ増課セントアルモ第一第二高等中学校所在地ヘノ増課ハ各二分ニシテ其残額ヲ他県ヘ賦課セシニ非スヤ之ニ比スルモ石川県ヘ三分ノ増課ハ苛酷ト云サル可カラス且東京等ハ校舎ノ建築ニ充ル資金ヲ要スルニ及ハスト雖トモ石川県ハ其等ノ資金ヲ負担セサルヲ得通常経費ノ外尚如斯巨大ノ金額ヲ負担スルモノニ対シ尚増課セントアルハ大ニ解スル能ハサルナリ」（10月19日、石川県浅野順平委員の発言）

「若シ此儘各府県ノ負担トナルトキハ各地経済ノ都合アルカ為メ当場ニ列スル諸君ハ大ニ心配スル所アルヘシ依テ第四区域ハ小区域ナルヲ以テ他ノ大区域内

ノ県々ニ比シ同一高等中学校費ニシテ数倍ノ重税ヲ荷フ道理ナレハ其平均ヲ保タン為メ第四ニ限リ国庫ヨリ多額ノ金圓ヲ支出アルヘキ様発案者ヨリ上申等ノ所為ナキヤ」（10月18日、石川県真館貞造委員の発言）

また、森文部大臣が視察に訪れた際に、財政上、第四高等中学校区域各県のこのような苦しい実状を陳情する委員らを選出することも提案された。これについては、議長から必要に応じて随時協議すればよいという指摘があり、この第四高等中学校区域委員会では議決されなかった。

「更ニ建議ス今度文部大臣来県アルヲ以テ本会委員ノ内各県一名宛ヲ選シ本区域内ノ陳情委員トナサンコトヲ要ス」（10月19日、福井県永田委員の発言）
「議長ノ報道尤モナリト雖モ九番［永田委員］ノ需メハ議場ニ於テ可否ヲ決シテ可ナリ何トナレハ文部大臣ニ□ツカラ事情ヲ陳セントスルニ時トシテ事情ヲ尽ス克ハサル事アラン若シ然ルトキハ或ハ出京ヲ要スル等ノ情態ナキニシモアラサレハナリ」（同日、石川県大垣兵次委員の発言）（□は、判読不能）

第四高等中学校設置区域の経費負担は、設置区域各県に容易に共通理解を得られるような問題ではなかった。第四高等中学校区域委員会は、次年度新潟県での開催が提案されていたが、「高等中学校経費ノ議来二十二年度以降ハ追テ何分ノ心得方相示候迄地方税ノ分担ヲ止ム」（1888年8月の文部省訓令）として、高等中学校経費の地方負担が取り止めとなったこともあり、以後二度と開かれることはなかった。

1887年11月の福井県会では、第四高等中学校区域委員会でも主張した永田定右衞門が次のような建議を行って満場可決されている。

「我福井県は元より文部大臣に於て如何なる見込のありしか計り知るべからざれども第三高等中学校の所在地京都へは合せられづして第四高等中学校の所在地なる金沢へ合せられたり熟々既往に付きて考へ見るも是れまで福井より金沢に出て実業を修めたるものあるか否更になし……その金沢に出づるの生徒は夏去りて万木落葉の秋に入る如く淋しき心地のするならん之れに反してその京都に出づる生徒ならんには冬去りて百花爛漫の春に向ふが如く壮快なる心地のするならん之れ人情の然からしむる所にして……斯る不利益の理由あるを以て第四石川の区域を脱し第三の京都へ附かんと欲する意見なり」[47]

第1章　「学都」金沢形成の端緒——第四高等中学校の設置過程——　　49

　そのような考えが福井県会で占めるいっぽうで、県立医学校が廃校となるにいたって、「本県は医学者の産地にして大医名医の世に著はれたるもの甚た多く現に高等中学校は全国に五校あるにその三校までは医学部長は本県出身の医学士にて之を占めらるる」[48]と、その歴史が途絶えることを嘆き、高等中学校の医学部設置を望む声があったとされる[49]。地元医学校の存続を望んだのは、一部の医学関係者らであったかもしれない。人数の大小ではなく、本質は危機意識の問題であったといえる。地元にある医学校が実際になくなることを、どれだけ真剣に考えられたか。その点、石川県専門学校などのように、県執行部や県会の有力者らを早々に陣営に巻き込む引き込む戦術をとることも選択肢として当然可能であったはずである。いかに危機意識の波及、共有がはかられるかであろう。

　「中学校令」公布の明治19年4月以降、高等中学校設置の学区指定の県域が公表される前までに、県としては高等中学校設置のための世論喚起や中央政界への陳情活動などをできる限り戦略的に行わなければならない。不透明でありながらも、中央政策にかかわる重要で有力な情報を、地方担当者らは的確にかつ速やかに入手するルートを確保していたのかどうか。地方担当者らの危機意識があってこそ、岐路に立つ情報の価値判断が問われる。高等中学校が設置される石川県と、福井県その他の第四区内の各県とが入手した政策情報量で基本的に大きな違いがあったとは思われない。

　1887年12月の新潟県会でも、新潟県が第一高等中学校の第一区に組替できるよう望む「第四高等中学校区域ノ義ニ付建議」が審議され、出席議員の賛成多数（49／57名）で可決されている。

　　「新潟県会議長山口権三郎謹ンテ書ヲ内務大臣閣下ニ呈ス……第四高等中学ヲ
　　石川県ニ置キ新潟県ヲシテ該区域内ニ編入セシメラレタルニ至テハ本会議員等

---

(47)　福井県・通常県会、明治20年11月21日（『福井新聞号外』93頁）。
(48)　「福井県立医学校第十回卒業証書授与式」『福井新報』明治21年3月28日。
(49)　「県立医学校さへ廃せらるるに至りしを慨き当地の有志者は責て第四高等中学校の医学部を当
　　福井に移されんことを其筋へ請願なさんとて目下其事を協議し居れり」（『朝日新聞』明治21
　　年4月3日、福井通信）と報道されているが、実際に福井の関係者らが医学部設置に動いた
　　のかどうかはよく分からない。一例ながら、石川県執行部は第四高等中学校区域委員会の各
　　委員らに対しても、再三にわたって鍔甚や山の尾といった高級料亭で接待を行っている。

50

ノ未タ安ンスル能ハサル所ナリ……生徒ノ入学上ニ甚タ不便ナルモノアリ之ヲ以テ先ニ第四高等中学ニ於テ生徒ヲ募集セシモ新潟県ノ者ニシテ一人ノ之ニ応スルモノナカリキ而シテ第一高等中学ノ如キハ……現在新潟県ノモノニシテ同校ニ入学セルモノ尚ホ五十八名アリ……是レ其位置区域ノ宜シキヲ得サルニ出ルノミ若シ新潟県ヲシテ依然第四高等中学ノ区域内ニ居ラシメンカ啻ニ経済上ノ不利ナルノミナラス生徒教育上ノ妨ケタルヲ免カレサルヘシ我県下人民ノ不幸実ニ云フニ忍ヒサルナリ仰キ冀クハ閣下幸ニ右ノ事情ヲ洞察シ新潟県ヲシテ第一高等中学ノ区域ニ組替ヘシメラレンコトヲ此段建議致候他［ママ］」[50]

　区域組替の建議に賛成しなかった8名の議員の意見もまた軽視できないものである。「元来高等中学校ノ経費ハ国庫ヨリ支弁スヘキモノニシテ地方税ヨリ支弁スヘキモノニアラス……早晩必ラス変更セラルヘキコトト信ス……若シ之ヲ建議セント欲セハ寧ロ地方税ノ免除ヲ求ムヘキナリ」「元来此経費ハ国庫ヨリ支弁スヘキモノナレハ先ツ国庫ノ支弁トナサンコトヲ求ムルヲ当然トス」「経費ハ地方聯帯ヲ以テ支弁スヘキモノニアラス全ク国庫ノ支弁ニ帰スヘキ者トス然ルニ此等ノ事ヲ建議セスシテ区々トシテ組替ノ事ヲ建議セントス是レ本員ノ取ラサル所ナリ」といった主張で、少数ながら説得力に富むものであった。

　同日の新潟県会では、「分科高等中学設置建議」[51]も審議されている。「高等中学区域変更ノ建議ヲ為ス上ニ此ノ如キ事ヲ建議スルハ無用ノ如クナレトモ区域カ如何ニ変更スルトモ毫モ関係ナキコトト信スルナリ」として、新潟県農学校をもって農科高等中学校の設置を望む建議であった。建議の前提には、高等中学校の学区域について政府が一旦確定したからには容易に変更することはないだろうという洞察があった。しかし、「我県ノ第四高等中学区域ニ属セルコトハ何人モ望マサル所ナリ然ルニ今其学校ノ分校ヲ立テント欲スルトハ甚タ謝レリト云フヘシ」「本県ニ農学校アリ漸次之ヲ拡張スレハ別ニ分科ナトヲ持来タラストモ可ナリ」「第四高等中学区ニ属スルヲ不適当トナシ将ニ建議ヲ呈セントスルノ折柄此ノ如キ建議ニハ賛成ノ意ヲ表スル能ハ

---

(50)「第四高等中学校区域ノ義ニ付建議」新潟県『通常県会議事録』明治20年12月9日、563～564頁。
(51)「分科高等中学設置建議」新潟県『通常県会議事録』明治20年12月9日、567～572頁。

第1章 「学都」金沢形成の端緒——第四高等中学校の設置過程—— 51

ス」といった批判が議員らから挙がり、賛成者少数につき消滅となっている。

　学区指定や経費負担の問題など、内務省と文部省との権限管轄が交錯する点が多く、高等中学校制度は内務省と文部省との十分な調整・交渉が本来事前に必要であったものと思われる。文部省の主導で始まった高等中学校制度は、実施後に学区域地方からの反発・要請などを受けて変化修正していくことになる。学区域の地方税との折半であった経費負担は、すべて国庫支弁と変更された。そのいっぽうで、学区域の指定は地方からの建議を受けてなお固持したといえる。また高等中学校の分科制度も制度上は認められていながらも、学区域の各県から分科設置を望む動きが活発に生じていない。地域における専門教育の志向と高等中学校の分科制度とが、この段階では上手くマッチしえなかったといえるだろう。高等中学校制度から高等学校制度へと移行する段階においてもその課題は持ち越され、実際には1900（明治30）年代に入って医学部が分離独立して、医学専門学校となる段階を迎えて専門教育を担いうる体制が次第に整備されていくことになる。これにともなって、地域を挙げての高等教育機関の設置運動も全国的に展開されていくのである。

第5節　第四高等学校と金沢医学専門学校の分離

　1886（明治19）年の「中学校令」にしたがって、官立の高等中学校（本部）が各区域に、第一が東京、第二が仙台、第三が大阪から京都、第四が金沢、第五が熊本に、それぞれ設置された。この他に、同年の「諸学校通則」に準拠して、山口と鹿児島に高等中学校が認可された。高等中学校の教育は、高度な普通教育（教養教育）を本科で行い、実業的な専門教育を専門学部で行うという二元的な目的・機能を有するものであった。第四高等中学校についていえば、本科2年、医学部医科4年、薬学科3年の学科課程で、未整備な尋常中学校の代替機関として一時的に予科3年、補充科2年を併置した。帝国大学への進学を前提とした本科は、進学予定志望にしたがって第一部（法・文科志望）、第二部（工・理・農科志望）、第三部（医科志望）で構成された。本科の教育の特徴は、第一外国語・第二外国語といった外国語学習の比

重が高かった点である。外国語の学科時間数は、全体で 4 割以上とされ、専門学の原典や西欧の古典などを読破することができる能力ももとめられたようである[52]。

　高等中学校の医学部は、1887（明治20）年 8 月、府県立の医学校を継承する形で附設される[53]。高等中学校の設置とともに、府県立の医学校は1888年度以降、府県の地方税によって設置・維持することはできないと禁止された。この結果、府県立の公費支弁なしに存続できたのは、京都（京都府立医大の前身）・大阪（大阪大学の前身）・愛知（名古屋大学の前身）の 3 校のみで、他の公立医学校は廃止される[54]。廃校された医学校の中で、高等中学校の医学部に改組されたのは、第一が千葉、第二が仙台、第三が岡山、第四が金沢、第五が長崎で、後に医科に加えて、薬学科も附設された。

　1889（明治22）年 9 月、他の高等中学校薬学科に先駆けて、第四高等中学校医学部薬学科は設置される。地元では、当初県の医学校とともに薬学科も、高等中学校医学部の中に移行されるものと楽観視していたが、1887年 8 月の高等中学校医学部には含まれずに、薬学科はいったん廃止となった。これを受けて、地元では薬学教育の廃止は金沢薬学の窒息を意味するとして、薬剤師の団体組織である石川県薬舗会（1886年 1 月設立）が、県に対して私立の薬学校（北陸薬学講習所）の設置を速やかに願い出て認可される。県薬舗会の拠点であった石川薬館内で、第四高等中学校医学部の教師であった堤従清、旗善蔵、三木栄末らが講師となって薬学教育を継続した。石川県も、補助金600円を支給するなどこれを援助した。薬学教育に従事した堤らは上京し、文部省等に対して、高等中学校医学部に薬学科を附設するように懇願要

---

(52) 谷本宗生「『石川県専門学校洋書目録——明治日本の近代化に貢献した洋書——』（金沢大学資料館資料目録二）」北陸史学会『北陸史学』第53号、2004年、90～93頁。

(53) 赤祖父一知「第四高等中学校医学部開学時の入学生について」北陸医史学同好会『北陸医史』第19巻 1 号、1998年、11～19頁。なお、赤祖父は、1888年 4 月第四高等中学校医学部に入学した石川県甲種医学校・県立甲種新潟医学校・乙種福井県医学校の在学生170名について、出身地（本籍）と族籍などを分析している。それによれば、石川甲種101名（59.4％）、新潟甲種36名（21.2％）、福井乙種33名（19.4％）から構成された医学部生は、族籍は平民121名（71.2％）、士族49名（28.8％）で、出身地（本籍）は石川64名（37.6％）、新潟38名（22.4％）、福井35名（20.6％）、富山22名（12.9％）であった。

(54) 神立春樹「高等中学校医学部の設置——医学教育の国家掌握——」『明治高等教育制度史論』2005年、御茶の水書房、90～94頁。

〈第四高等中学校の卒業生データ〉

〈本科〉

1889（明治22）年卒業から1894（明治27）年卒業まで……計77名

○出身地域（県）	○族籍	○進学先（大学学部）
石川　70名（90%）	士族　60名（78%）	不明　18名
福井　4名	平民　17名	帝国大学　59名（77%）
富山　1名		法学部　24名
愛媛　1名		工学部　14名
東京　1名		文学部　10名
		理学部　9名
		農学部　2名

〈医学科〉

1889（明治22）年卒業から1894（明治27）年卒業まで……計149名

○出身地域（県）	○族籍
石川　59名（40%）	平民　105名（70%）
新潟　31名	士族　44名
福井　23名	
富山　22名	
その他　14名	

〈薬学科〉

1890（明治23）年卒業から1894（明治27）年卒業まで……計26名

○出身地域（県）	○族籍
石川　20名（77%）	士族　14名
富山　5名	平民　12名
佐賀　1名	

（『学校一覧』『卒業者名簿』『同窓会名簿』から作成）

請したとされる[55]。

　医学をはじめとした専門教育は、高等中学校制度上では政府の期待とおりには進展しなかった。「高等ノ学校」、すなわち帝国大学への進学予科としての機能が、実態として社会に広く浸透・支持されたためである[56]。高等中

────────────

(55) 三浦孝次『加賀藩の秘薬──秘薬の探究とその解明──』1967年。

学校の本科を卒業すれば、基本的に無試験で帝国大学への入学が保証された
ことも重要である。文部大臣を務めた森有礼や井上毅は、高等中学校制度に
よって全国各地にローカル・エリートを多数輩出することを第一の目的と
し、国家の恒常的な発展を企図した。1894（明治27）年6月の「高等学校令」
（勅令第75号）の発布によって、「高等学校ハ専門学科ヲ教授スル所トス　但シ
帝国大学ニ入学スル者ノ為メ予科ヲ設クルコトヲ得」（第2条）と規定され
た。1894年に、高等中学校から高等学校へ改称されたが、教育の目的は専門
学科を主とし、大学予科を従とすることをあらためて明確にした。日清戦争
以降の産業振興を一層はかるため、専門学部を将来的に地方大学化していく
ことを想定していたと思われる[57]。1897（明治30）年6月、京都帝国大学が
設置されるが、第三高等学校の法・工学部が廃止・改組される形で、帝国大
学の理工科大学が実質的に設置されたことになる。

　1901（明治34）年4月、文部省令第8号によって、高等学校から医学部を
分離して官立の医学専門学校が設置された。第一高等学校医学部は千葉医学
専門学校に、第二高等学校医学部は仙台医学専門学校に、第三高等学校医学
部は岡山医学専門学校に、第四高等学校医学部は金沢医学専門学校に、第五
高等学校医学部は長崎医学専門学校に、それぞれ独立・改称された[58]。各
官立医学専門学校は、地域医療や診療活動の拠点として、附設された県立病
院とともに、恒常的な医学士養成につとめた。金沢医学専門学校は、1923
（大正12）年に「大学令」による医科大学に昇格して、官立の金沢医科大学と
なった。現在の金沢大学医学部の前身校で、戦前期には北陸（石川・富山・福

---

(56) 明治維新以降、石川県士族子弟の高等教育が浸透していく背景には、旧藩主前田家を中心と
　　した士族救済の教育事業、高等教育機関へ進学する県人子弟の学資補助を行う育英社（1879
　　年発足）や郷土出身の学生有志が互助組織として運営した久徴館などが挙げられる。その結
　　果、「頃日（加越能）三州ノ事情ヲ察スルニ士民漸ク学芸ニ従事シ、進取ノ気日ニ月ニ盛ニ復
　　タ曩日苟且怠惰ノ風ナシ」（育英社の資金募集趣意書）や「身ヲモ心ヲモ凡テノ物ヲ犠牲トシ
　　テ以テ子弟ニ教育ヲ授ケントスルナリ……其子弟ノ教育ノ為ニハ之ヲ消費シテ決シテ惜シト
　　セサルハナリ……健康モ愉快モ幸福モ将タ性命サヘヲモ犠牲トシテ以テ子弟ノ教育ヲ謀」（松
　　寺竹雄「石川県ノ士族」『久徴館同窓会雑誌』第40号、1891年10月、9～11頁）といった状況
　　が生じた。奥田晴樹「金沢の士族と授産事業」橋本哲哉編『近代日本の地方都市　金沢／城
　　下町から近代都市へ』2006年、日本経済評論社、61～108頁。
(57) 海後宗臣編『井上毅の教育政策』1968年、東京大学出版会。
(58) 神立春樹「岡山医学専門学校の設置」前掲書、14～18頁。

第1章 「学都」金沢形成の端緒——第四高等中学校の設置過程—— 55

井3県）の中で唯一の大学である。

　高等学校制度は、高等中学校に併設されていた専門学部が分離・独立したことで、大学予科のみとなった。帝国大学への進学が保証されていたこともあり、在学者にとって、高等学校に在学する期間、自己確認や人生考察といったモラトリアムな青年期を、学科課程にとどまらない教師や生徒同士の人間関係、寄宿舎生活、文芸活動やスポーツ活動などを通して謳歌することができた。高等学校は、男子のエリート候補生、いわゆる「学歴貴族」養成の制度であったと指摘される[59]。第一、第二、第三、第四、第五と、高等学校は高等中学校の時代からすでに存在したが、大正期までに新設された高等学校は3校のみであった。岡山に第六高等学校（1900年）、鹿児島に第七高等学校（1901年）、名古屋に第八高等学校（1908年）の3校が新設され、東京、京都に続く東北（1907年）、九州（1910年）、北海道（1918年）の帝国大学に人材を供給したのは、第一〜第八までの高等学校（ナンバー・スクール）であった。

　この時期までに、金沢・石川県が帝国大学への進学ルートとされた高等学校と、専門教育機関としての医学専門学校をともに有したことは、政府との葛藤や従属の過程の中で、国家政策や財政事情に翻弄されながら、地元地域社会における高等教育機会存続のための努力を執拗に続けた結果であり、北陸地域の教育・文化拠点としての金沢・石川県を顕示するものであった。

---

(59) 竹内洋『学歴貴族の栄光と挫折　日本の近代12』1999年、中央公論新社。

第2章　大正期の高等教育機関の設置過程

第1節　北陸帝国大学構想の提唱

　北陸帝国大学構想が提唱された1900年頃の県下の中等学校は、初等学校のほぼ100％な就学率[1]を受けて金沢に2つ、七尾と小松にもそれぞれ中学校を設置し、計4つの中学校が普通教育機関として存在した。高等教育への進学要求の高まりは、中等教育の整備・拡充にともなうものであった。

　金沢に設置された第四高等中学校は、1894（明治27）年に「高等学校令」に基づき第四高等学校となり、1901年には専門部の医学部は独立して、金沢医学専門学校となった[2]。これによって、高度な普通教育（教養教育）と専門教育との機能が明確に区分され、第四高等学校と金沢医学専門学校がそれぞれに発展していくことになる。

　1900年前後から、官立高等教育機関の設置を要求する地方関係者らの運動が全国的に活発化し、帝国議会にも官立高等教育機関の誘致をもとめる建議案が提出されるようになる。なかでも、第14回帝国議会（1899年11月～1900年2月）には、九州・東北・北海道帝国大学、四国高等学校、山陰高等農林学校、九州高等農林学校などの建議案が計9本も集中して提出された。この頃になると、鉄道、道路、港湾などのインフラ整備とともに、官立高等教育機

（1）　石川県教育史編さん委員会『石川県教育史』第1巻、1974年、419頁。
（2）　医学科と薬学科の実習場であった金沢病院が、1905（明治38）年3月金沢市内の小立野に新築移転し、それにともなって金沢医学専門学校も1912年7月小立野新校舎に移転を行った。いくつかの候補地が挙がる中で、金沢病院が小立野に決定された理由については、『北國新聞』（1901年5月1日、第2807号、2面）が詳しい。小立野に医専の新校舎が移転された事情については、次のような話がある。1908年度に福原文部省専門学務局長が視察来訪した後、敷地買収に着手したが、「各地主は不当の価格を唱へて買収に応ぜざる」（『北國新聞』1908年9月11日、第5497号、2面）状況が生じ、小立野周辺の有志が地代の不足分を補うため寄附金を募ったとされる。

関の誘致も、地方利益追求の主要な1つと認識されていたといえる。それを新聞や雑誌などの地元メディアが大きく取り上げ、世論を喚起しながらより誘致熱に拍車をかける結果となった。

　この時期、東京や大阪など大都市にとどまらず金沢など全国の地方都市でも、市内道路の拡張や舗装、緑地・公園や上下水道の敷設といった「都市計画」が次第に企画・着手されていく。大正期以降、内務省の技術官僚ら[3]による欧米の都市計画思想の紹介・指導を介して、無秩序な市街化（スプロール現象）の防止がようやく認識されるようになった[4]。それは、地方都市の近代化過程（近代都市としてのインフラ整備）にほかならなかった。

　1907年8月15日の地元新聞『北國新聞』（第5104号、5面）には「北陸大学設立の議」が取り上げられ、アメリカから帰国した高峰譲吉（高岡出身、応用化学者）が「親しく郷土を見、突として北陸大学設立の急要を要路に説」いたのが、北陸大学運動のはじまりであるとされる。これに対して、「是れ洵に青天の霹靂、郷人午睡の夢は、方に覚破せられつべきなり」と、地元の驚きぶりが記されている。実際に、金沢医学専門学校を医科大学に昇格させようという高安医専校長の動きが紹介され、「大学新設を茲に議せんは、又之

（3）内務省都市計画課で「都市計画法」を起草し、その普及につとめた池田宏や飯沼一省などである。彼らによれば、都市計画の必要性とその早期施行に熱心につとめたが、当初は農商務省や大蔵省、当の内務省自体もいまだその重要性を十分に認識していなかったという。農商務省は都市が栄えれば国が滅びる、農こそ国の大本であると、大蔵省は都市計画など贅沢であると、内務省は河川・道路・上下水道など土木局が従前管轄しているが、別に都市計画の必要性があるのかという批判であった（孫禎睦「中央政府・総督府・民間の立場と都市計画挫折の過程」『日本統治下朝鮮都市計画史研究』2004年、柏書房、129〜130頁）。

（4）越沢明「戦時期の住宅政策と都市計画」近代日本研究会『年報　近代日本研究　戦時経済』9、1987年、山川出版社、272頁。
　　1919年、金沢駅前〜兼六公園下、公園下〜犀川大橋、武蔵ヶ辻〜香林坊、公園下〜小立野間の電車が開通し、1920年に犀川大橋〜野町、1921年に野町広小路〜寺町、1922年に浅野川大橋〜小坂神社間が運行した。また、金沢市彦三の大火復興事業は、「都市計画法」（1919年制定）に基づく石川県内初の区画整理適用である。武蔵ヶ辻〜塩屋町間の幅員22間の直線道路の新設、横安江町〜小橋町間の道路の4間幅から10間半幅への拡張といった計画により、1928年11月彦三大通・小橋通といった新しい街路が開通した。彦三地区を商業・住宅地域として整備するため、赤座繊維・小林撚糸などの繊維工場は諸江・弓取地区への転出がはかられた。犀川上流からの上水道取水計画も実行され、1930年に上水道が完成した（若林喜三郎監修『激動の地方史　ドキュメント石川　維新・デモクラシー・大戦』2002年、北陸放送株式会社、164〜165頁）。

第２章　大正期の高等教育機関の設置過程　　59

に往時たる策にして、一日を後れなば、乃ち他に先んぜられんとするの秋、人の之に対して風馬牛なる是れ豈に黙過するに堪へんや。……然るに比年頻りに諸学校の、他地方に競ひ建てらるるを袖手傍観せる当地は、将来猶ほ其風を以てして、進んで此事を思はず、為さず又空しく他の後に瞠若たらん」と、大学設立運動に消極的な地元にもっと積極的に奮起するようもとめている。

　同年８月31日と９月１日の「北陸大学　教化の分布（上）（下）」『北國新聞』（第5120号、第5121号）では、次のとおり北陸大学設立の必要性を述べている。

　　「大学は深智識の府たると同時に、高徳義の府たるをことを得べし、果して然らは大学は必らず智徳の感化力を有するや疑ふべきなし。言はずや、勧学院の雀蒙求を囀り、門前の小児習はぬ経を読むと、感化力の行はるるや斯の如く甚だしきものあり……吾輩は此理由に於て大学の各地に興り智識攻究の機関たると共に、徳義涵養の機関たらんことを望む。」（８月31日、第5120号、１面）。
　　「一般の地方に大学の称ある学舎を建て、博士の称ある教師を置き、而して将来の学士たる生徒を養ふと仮定せよ、其最寄の各地方は如何に其勢力を感すべきか、少なくも大学風なるものは教育社会を感化すべきや疑なし。……現今の教育は事実に於て無教育者に支配せらる。県官は教育を知らず、郡吏は教育を知らず、村胥亦た教育を知らず、教育は常に斯の如き無教育者によりて支配せらる。此際に於て智徳の儀表たるべき大学を各地に分設するとは、実に教育社会の急務にはあらざるか。……今の大学は独り学者を造るのみならず、又た有為の人材を造ることを目的とするが如し。有為の人材を造ると云ふ以上は、少しく地方に往して民情を知ることを要す、之を知るには成るべく地方の父兄及び子弟を近接することを要せずや。」（９月１日、第5121号、１面）。

　地方に大学を設立することは、学生や父兄にとっての経費面や利便性などを考慮するためだけでなく、教育の感化、教化の普及（教育社会）を意図するものであった。「教育社会を風靡するや疑なく、北陸の文化はここに一新生面を見ん」[5]といわれるほど、地域社会に与える影響は非常に大きいと期待されたのである。

_____

（５）「教化の分布　大学の新設」『北國新聞』1901年９月17日、第6598号、１面。

1910年１月１日の『北國新聞』（第5974号、6面）で、戸水寛人（石川県出身、法学博士）は「北陸大学を建設す可し」を掲げた。中央の帝都東京に、徒に四方から多大の学生や学資が集中されている。一部の富裕子弟のみが、帝都への遊学が可能となっている状況である。それに対して、現在の金沢医学専門学校を昇格させて医科大学とし、随時法・理科等を附加させて総合大学（帝国大学）となし、第四高等学校をその大学の直轄とする構想を打開策として提言した。

> 「先づ地方に於ける医学専門学校を改正し、之をして単独大学の組織たらしむべきを主張せんとす……医学専門学校を単独大学と成し、漸次理科法科等を増附し以て竟に綜合大学制に向上すべきを期せざる可らず軍艦一隻の価格は大抵一千万円以上に値す、大学増設に関して財政云々の声を聞くと雖、其軍艦一隻購入費の利子にも当らざるべし……今の高等学校を改めて之を大学の直轄と為し一面中等教育普及の本義を徹底し、一面亦学生をして壮齢大学に入るの遺憾を免かれしめん……建設せらるべき所謂る北陸大学なるものは、無論吾が金沢市に於てせざる可らずして、是れ歴史上将た地勢上より然るべき所と做す」

1911年１月31日、第27回帝国議会衆議院において戸水寛人らは「北陸帝国大学設立ニ関スル建議案」（衆第18号）を提出し、同年２月18日可決された。全国的にみて、東京・京都・東北・九州帝国大学設置以後における総合大学誘致運動の嚆矢といえよう。

戸水らの建議では、「我カ国夙ニ東京帝国大学ノ数アリ而シテ後ニ京都帝国大学ヲ立テ輓近又東北帝国大学及九州帝国大学ノ建設ヲ見ルニ至レトモ人智開発ノ点ヨリ之ヲ観レバ帝国大学ノ数尚未タ足ラザルヲ覚ユ依リテ北陸帝国大学ヲ設立セラレムコトヲ望ム」と、日本国内では東京・京都・東北・九州と帝国大学が設置されているが、いまだ大学の数としては十分なものではないとして、北陸帝国大学の設置を要望している。同年２月６日の建議委員会でも、戸水は「東京、京都、東北、九州ノ四ツアルガ是デハ足リナイ誠ニ欧羅巴ノ大学ノ数ト対照スルト、人口ニ比例シテ日本デハ非常ニ尠イ……自分ノ考デハヤハリ近キ将来ニ於テハ五ツヤ六ツハ設ケテ然ルベキ」と述べ、「北陸ハ風俗モ醇朴デアリ且天然ノ風景モ好ク、学生ガ静カニ学問ヲスルニハ甚ダ適当ナ場所デアル」として、かつて初代文相森有礼が第四高等中学校

を金沢に設置したのもそれが理由であると主張した。日露戦争開戦時には、戸水は満州及び中国北部の占領を目指す「亜細亜東部の覇権」論やバイカル湖以東の割取論を唱えるなど、大日本帝国の領土拡大政策の推進を志向した。日露戦争にあたって、戸水は「地図ヲ披ケバ満州、西比利亜皆眸ニ入リ世界万国悉ク指顧ノ中ニ在リ国民須ク我軍隊ノ向フ所ト我政府ノ為ス所ヲ注視ス可シ我軍隊ヲシテ国威ヲ宣揚セシム可ン……他日羽翼成ラバ大鵬万里ノ志ヲ抱イテ世界ニ雄飛ス可ン」[6]と述べている。戸水の構想では、「我日本ヲ富マサント欲」[7]して領土が拡大していくと、市場経済・産業なども急激に発展するため、優秀な人材を輩出する帝国大学など高等教育機関の増設も必須とみたのであろう。

　このような意見に対して、文相小松原英太郎は「北陸ニモ何カ早ク立ツテ呉レトカ、四国ニモ何カナケレバナラヌト云フ、地方地方ノ人ハ希望スルダロウト思ヒマスガ、併シサウ無暗ニ大学ヲ揃ヘル必要ハナイト思ヒマス、凡ソ国家ノ必要ニ顧ミテ建設スル」と回答している。1911年、1926年、1927年、1929年、戦前期に何度となく帝国議会に「北陸帝国大学」の設置を要望する建議案が提出されるが、実際の予算措置執行は見送られる。建議案自体は可決されるが、実現化されることはなかった。

　1912年11月15日発刊の『加越能時報』第236号には、清水澄（石川県出身、法学博士）が「北陸大学の必要」について論じている。清水は、明治中期頃までは「石川県は維新に際して稍や立後れたるの感あり（中略）随つて石川県人の将来は須らく実力に俟たざる可らず、今や幸に県人諸君も教育に熱中し或は大学に或は陸海軍に頗る優位を占め」ていたという徳富蘇峰（熊本県出身、言論人）の発言を例に挙げながら、「然るに近時各学校に於ける県人の位置を見るに、比較的他に目立たざるやうになりしは如何」と捉え、「教育の興亡は其地方の産業の振不振に大なる関係あり」とする。地域の教育力を向上させるためには、育英社（1879年）に代表される地元出身学生らに対する学費等の貸費・給付制度も重要であるが、理・工・農科を備える「北陸大学」の設置こそが戸水らも主張するとおり「最も北陸の教育を盛ならしむる

（6）戸水寛人「日露戦争」（1904年2月28日）『回顧録』博文館、1906年、325頁。
（7）戸水「関税戦争ト殖民政策」（1904年5月8日）、同上書、776頁。

62

一捷径なるを信ず」と結論づける。したがって、石川県人（加越能人）も、
地理上・天候上等に基づく旧来の「時運の之れを許さゞるあり、若し過去の
如き団結心に乏しき気質を」できる限り払拭して、「北陸大学の如きも速に
県人の団結によりて早く其設立を企及せ」よと、地元県人の精神・気質の革
新にまで言及している。

　このような地元の篤い要望はありながらも、国策上の必要性とそれとが一
致、妥協点をみることはなかった[8]。しかし、北陸帝国大学設立構想はその
ままの形で実現されることはなかったが、内実的には金沢高等工業学校の誘
致、金沢医科大学の昇格設置へとつながっていく。

　たとえば、1925（大正14）年2月28日に金沢市会で可決され、内務大臣若
槻礼次郎に宛てた「高等師範学校設置ニ関スル意見上申」の中でも、「教育
都市」としての実質を金沢が兼ね備えるにふさわしい点を強調している。

　　「恒ニ金沢市ハ北陸地方ニ於ケル中心都市タルノ品位実力ヲ具備シ歴史的ニモ
　　地理的ニモ更ニ高等師範学校増設ノ配置上ヨリスルモ最モ好適ノ地位タリ加之
　　他都市ニ比シ人情、清純、敦厚ニシテ市街ハ樹木繁生、水利亦至便ナル勝地ナ
　　ルヲ以テ学校設置トシテハ気風衛生共ニ他都市ニ優秀シ加フルニ美術工芸ノ如
　　キハ他ノ追従ヲ許サザルモノアリ殊ニ金沢市ニハ現ニ医科大学、第四高等学
　　校、高等工業学校、第十臨時教員養成所ヲ始メ県立3箇中学校、師範学校、女
　　子師範学校、県立商業学校、県立工業学校、県立2箇高等女学校、市立女子職
　　業学校、私立金城女学校、私立北陸女学校、私立金沢女子学院其ノ他数箇ノ私
　　立学校ノ設置アリテ教育都市タルノ実質ヲ備ヘツツアリ、今ヤ高等師範学校増
　　設ノ急ニ迫リ之ガ設置ノ議アルニ当リ其地ヲ金沢市ニ選定セラルルハ叙上ノ理
　　由ニヨリ最適地ナリト信ズルノミナラズ之ニヨリテ本市ガ愈々教育都市タルノ
　　面目ヲ加重シ延テハ地方ノ進歩発達ヲ期ス」

　同時期に、北陸地方の中心都市である金沢市以外でも、東北文化の中心地
として仙台市（1927年建議）が、九州文化の中心地として福岡市（1927年建議）

────────────────────

（8）『北國新聞』（1901年2月3日、第6372号、2面）で、戸水寛人が提出した「北陸大学建設に
　　関する建議案」について、鈴木力議員（会津出身、新聞記者の経歴）は「戸水氏提案の理由
　　は定めて大々的の意見ならんと思ひしが存外平凡のものにて法学博士政友会の領袖としての
　　戸水氏提案の理由とは思はれず……自己の選挙区に之れを設けんとするは之れ御土産的の建
　　議案なり」として、戸水の大学設立の要求は表面的な印象で選挙区向けの演技芝居と揶揄し
　　ている。

が、九州地方の中央で教育の地として熊本市（1927年建議）が、北海道の中心地として札幌市（1927年建議）が、それぞれ高等師範学校の誘致を帝国議会に建議し、すべての建議が可決されている。しかし、いずれの建議も国策上の必須とみなされず、予算措置は見送られた。結果として、北陸帝国大学は実際に設立されなかったが、帝国大学が金沢に存在しないことが逆に官立高等教育機関の誘致活動を高揚させ、北陸にとどまらず東京を含め他地域にも向け、金沢の文化的な優位性を誇示すべく、地元地域社会の結束をより強化させる機能を果たしたといえる[9]。

第2節　金沢高等工業学校の設置過程

（1）石川県の基幹産業・金沢の繊維業

　石川県では、幕藩体制下加賀百万石の城下として九谷焼・輪島・山中漆器、加賀友禅などの伝統工芸が栄えた。しかし、明治維新以降は金沢藩という後見人（スポンサー）を喪失し、しだいに地場産業である伝統工芸は衰退していくこととなる。旧藩に依存していた伝統工芸の御用職人、町職人らは士族層ともに失業者（無職の遊民）の危機に追い込まれた。そのような危機感に直面する中で、行政挙げての石川県の殖産興業が勃興する。地元地場産業に対する県の保護育成政策の力の入れ方は、次のような動きからもうかがえよう。1876年、金沢区方勧業場が石川県勧業試験場（県営）へ昇格し、1880年、石川県勧業博物館が県立へと移行する。それぞれは、日本初の試験場であり、また日本初の常設博物館であった。

　1880年代に起こった県内のマニュファクチュア（工場制工業）の波は、1890年代に入ると急速に拡大していき、1891年に14工場が、1895年に43工場、さ

（9）　第四高等中学校出身で、京都帝国大学学生監を務める山本良吉は、「地方意嚮の中心点」と題して次のような発言をしている。

　「地方に力ある人は又同時に中央の有力者でなくてはならぬ。ただ生活の本拠は地方にあり、各自が自ら地方のものとの意識さへもたれるならば、それで十分である。もし地方に本拠を据えて、道楽にでも図書館でも設けられるならば、更に文化上に新しい影響を与へる。……略……元は華族の道楽であつても直ちに社会文化に対して貢献することとなる。事の大小を問はず、自分の地方に全国唯一のものがあると思うと、そこに地方人の心中面白い結果を生じ来る。」（『加越能時報』第300号、1917年3月15日、10〜11頁）。

らに1899年には139工場が稼働して、機械制工場化が進展する石川繊維業の礎となった。

1900年代に、津田米次郎（金沢出身）が津田式力織機を発明する。日本発の絹力織機で、従来からある旧式機の数倍の能力を有した。津田式力織機は、石川県内の工場で導入されることになる種々の羽二重生産のための力織機の先駆であり、本格的な工場制機械工業の幕開けを意図する。繊維業は飛躍的な発展を遂げ、県内の基幹産業となった。1910年代、輸出羽二重（絹織物）は全国生産の3分の1を占めた[10]。

さらに、石川の近代産業の始まりとして挙げられるのは、鉱山の開発事業である。尾小屋鉱山（小松市）は銅の採掘で知られ、加賀八家の1つ横山男爵家の所有であった。日清・日露戦争、第一次世界大戦の軍需景気もあって、銅の採掘・精錬事業は飛躍を遂げる。採掘王であった横山隆興[11]の長男、横山章は金沢商工会議所会頭などを務め、衆院選にも当選した。石川県知事公舎（広坂）は、横山家の屋敷跡である。当時の「金沢いろは歌」に次のようなものがある。"ゑらひは本願寺さんと横山さん"。しかしながら、銅の採掘事業は明治末頃から大正期にかけてピークを迎えた後、昭和期になると大幅に衰退をたどり、横山家の繁栄もそれにともない廃れていくことになる。

地元地域の交通・電気・ガスといった都市のインフラ整備もこの時期進展し、県内産業の近代化へ寄与する。1898年、北陸線（敦賀～高岡）、七尾線（津幡～七尾）が、それぞれ開通した。1900年、金沢電気株式会社によって、初の電灯が点灯される。犀川辰巳発電所が設けられ、市内に電灯2200が点灯した。1908年、金沢電気ガス株式会社によって、初のガス供給が実施された。1913年には、米原～直江津間の北陸線が全通した。金沢～直江津間の工期は7年間、工費は1200万円であった。1919年には、金沢市街電車も開通した。

---

(10) 若林喜三郎監修：前掲書、64頁。
(11) 渡邊霞亭編『横山隆興翁』1920年、明治印刷株式会社。

第2章　大正期の高等教育機関の設置過程　　65

〈金沢市の生産物産額（円）〉

年　／種別	工産物	畜産物	水産物	農産物	総　計
大正10年	45831176	474151	59345	182973	46547645
大正14年	49836008	489051	322123	613725	51260907

（金沢市『金沢市民読本』1928年、48〜49頁より作成）

　金沢市では、全生産額の9割7〜8分を占めているのが「工産物」である。金沢市『金沢市民読本』（1928年）の中でも、「産業より見たる金沢」という章が設けてある。そこには、「何といつても我が市が工業を以て立つている事実を裏書する」（49頁）や、「我が金沢をして工業都市としての面目の発揮」（56頁）すると述べている。1921年の金沢市の産業別構成をみると、繊維工業は工場数82（全体に占める割合35.5%）、産額13497千円（62%）である。歴史的にみて、金沢は「機業都市」と認められる所以であろう。

　同年のその他の内訳は、次のとおりである。雑工業（印刷・製本・紙製品・製材・木製品など）は工場数36（15.6%）、産額2633千円（12.1%）、飲食品工業（酒類・醤油など）は工場数36（15.6%）、産額2234千円（10.2%）、機械器具工業（機械・器具・船舶・車輌・金属製品など）は工場数64（27.7%）、産額1910千円（8.8%）、化学工業（窯業・漆器・染料・塗料・工業薬品など）は工場数13（5.6%）、産額1505千円（6.9%）である（『金沢市統計書』1921年より）。

　羽二重用力織機の主要な需要地となる北陸地域の石川県では、1907（明治40）年、機業家の北岩松が斉外式羽二重力織機の発明者である斉藤外市を金沢に招聘した。その際に斉外式力織機の開発に尽力した瀬戸長作を山形県鶴岡から召き、その製造技術が金沢に伝播された[12]。羽二重商で金沢商業会議所会頭の水登勇太郎は、津田米次郎の力織機製造の後見者として資金援助を行い、自ら経営する羽二重工場でも1900（明治33）年、津田式力織機30台を据えつけ使用した[13]。津田米次郎の従弟である津田駒次郎も、1909（明治42）年金沢の大西文次郎から力織機90台の注文を受け、金沢に力織機工場を開設する[14]。

---

(12) 鈴木淳『明治の機械工業——その生成と展開——』1996年、ミネルヴァ書房、265頁。
(13) 金沢市議会『金沢市議会史　上』1998年、371頁。

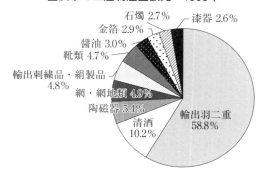

金沢市の工産物産金額比　1908年

〈金沢市の工産物産額（千円）〉

1位：輸出羽二重	3112	6位：靴類	249
2位：清酒	542	7位：醤油	158
3位：陶磁器	286	8位：金箔	154
4位：網・網地類	259	9位：石燭	144
5位：輸出刺繍品・絹製品	254	10位：漆器	135

（1908年）

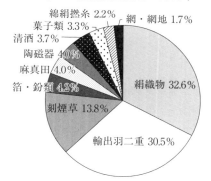

金沢市の工産物産金額比　1916年

〈金沢市の工産物産額（千円）〉

1位：絹織物	5870	6位：陶磁器	724
2位：輸出羽二重	5483	7位：清酒	672
3位：刻煙草	2483	8位：菓子類	591
4位：箔・鈆類	747	9位：綿絹撚糸	397
5位：麻真田	727	10位：網・網地	297

（1916年）

（金沢市史編さん審議委員会『金沢市史　現代篇上』1969年、511頁より作成）

第2章　大正期の高等教育機関の設置過程　　67

　県内でも、津田式・斉外式力織機を起点として力織機の開発が積極的に進められる。1909年には、北や大西らをはじめ郡部の機業家を含めて、「力織機研究会」が組織される。大正末期まで会としての活動が続けられ、個々の工場での試行錯誤の取り組みなどが機業家らの間で情報交換されて共有化し、それが力織機の製造業者に伝達されていったものと思われる。在来の金属加工業や鉱山機械の製造が行われた城下町の金沢に、部品調達の利点もあって力織機の生産が集中する。各地の織機工場を渡り歩く熟練工が金沢に流入してきて、力織機の生産拡大と技術の向上がはかられていく[15]。創意工夫の産物である力織機の発明とその機械の製造・販売は、地元地域利害に敏感な名望家であった機業家らの資金や尽力があってはじめて実現する。

　ただし、加越能出身者の郷友会誌である『加越能時報』第261号（1913年12月15日）には、駄楽齋（ペンネーム）による「金沢見聞記」が記されている。

　「物産の学　未だ、精からず、県当局者勧業の方針も一定せず、工業に重きを措くか、商業に力を入れるか農業に骨を折るか……百工力学　器学を知らず、専ら手工に依ること、是れも同感なり、市には二三の機業場と硬質陶器会社にて多少機械を使用するのみ、従来は炭価不廉の土地柄或は器械応用を知って居ても、蒸気力の高価のため其事を為さざりしかも知らぬが今では水力電気に原動力を借らず必ずや引合ぬこと事も、有る間敷に甚だ遺憾のことを云ふべし。」（27〜29頁）。

　また、『加越能時報』第300号（1917年3月15日）の中でも、土岐県知事が「金沢人士の奮起を促す」として、近代化があまり進展しない金沢の状況を述べている。

　「金沢は十四万の人口を有する都会であり乍ら製造工業の見るべきものなし、煙突の数が僅に数へるばかりて物淋しい感がある。近く電車が開通するといふが元来水源が豊富で動力を得易いのであるから、もっと大規模の経営が望ましい。」（25頁）。

　明治後期から大正期にかけて、鋭敏な機業家らによって機械・施設・技術

――――――――――――――

(14) 鈴木淳：前掲書、269頁。
(15) 同上書、274〜275頁。

68

の近代化が促される素地が生まれても、金沢にはいまだ零細の手工業的な生産形態が根強く残る体質があったと思われる。

（2）石川県立工業学校の位置

1887（明治20）年、石川県勧業博物館を仮校舎として、金沢工業学校（初代校長：納富介次郎、教員17人・生徒137人）が開校する。専門画学部、美術工芸部、普通工芸部からなる、京都府画学校、東京職工学校とともに全国に先駆けた工芸学校であった。

初代校長となる納富介次郎（1844〜1918年）は、ヨーロッパで陶芸・工芸について学んだ経歴を有する。1873年にウィーン万国博の審査官として渡欧し、ワグネルらの斡旋もあってオーストリアのエルボーゲン製陶所やフランスのセーブル陶器学校で西欧の陶芸技法を実際に学んだ。西欧人の趣向を満足させるだけの日本製工芸品の「図案」（デザイン）を強調した。輸出工芸品の量産化・商品化のために石川県に招かれ、陶磁器・銅器・漆器・七宝などを技術指導する。金沢伝統産業の復権を目指した人物と評価できるであろう[16]。

1887年の石川県工業業種別の納税者数（100人以上）は、次のとおりである。大工3306人、木挽1573人、桶樽926人、鍛冶640人、鹽製540人、石工473人、左官321人、陶器画284人、塗師231人、煙草刻206人、畳刺202人、綿打177人、木地挽162人、炭焼136人、履物136人、建具135人、金銀銅121人、竹116人などである（『石川県勧業年報』より）。工場化を進めた織物業は、産額が多いが納税者としては数少ない。いっぽう、納税者数が多いとされる大工や職人などは徒弟制の生産・経営方式を継続させていく。地場産業の中でも、徒弟制の伝統工芸に従事する子弟の実業教育が、産業不振への危惧を根底に抱く地元では課題とされたのであろう。

金沢工業学校は、1889年、地方税（県費）負担の石川県立工業学校（修業年限4年・各科200人）へと、移管改組される。東京職工学校が東京工業学校に

---

(16) 江森一郎・胡国勇「石川県における実業教育の展開過程——納富介次郎と石川県工業学校の創立をめぐって——」『金沢大学教育学部紀要 教育科学編』第48号、1999年、2〜10頁。三好信浩『日本工業教育発達史の研究』2005年、風間書房、139〜146頁。

改称されるよりもはやい、日本最初の工業学校である。県会では、県立への移管に対しては総じて県立工業学校に対する期待から賛成であったが、公立学校の設立などに関しては、次のような意見もみられた。陶器・製茶専門を小松に、染色・裁縫専門を金沢に、漆器専門を輪島に、水産専門を宇出津に、それぞれ専門学科（学校）を設立すべきであるという県内の地域間利益の均衡説である[17]。設置費用の点からみて、現実性には乏しい意見とされたが、県内の各地域利害の調整が、学校教育にも相応に必要であることも確かであった。

　東京大学理学部の出身者である久田督が県立工業学校の校長に就任して、1898年に教則が改正される。県立工業学校は、金工科（当分欠ク）・染織科・窯業科・漆工科・図案絵画科の5科から構成された。たとえば、窯業科は製陶・陶画、漆工科は描金・髹漆、金工科は応用力学、工場用具及び製作法、製造用諸機械大意、発動機大意、製図学であった。とくに金工科は、機械科に近い性格とされ、「熱心ニ企望セラレ当路者又調査研究セラレツツアルヲ以テ将来設置セラルルハ又疑フヘクモアラス」という科であった。[18]

　いわゆる「学理」、専門知識に属する授業時間は、総時間数の1割である。染織科の色染法、機織法は総時間数の7.5％、窯業科の製陶法は3.8％、漆工科の漆器製造法は1.9％である。伝統工芸中心の学科目編成で、各学科の50〜60％は実習であった[19]。教員のほうも、数学・理化学・技術系の者が少なく、美術家・工芸職人中心の教授陣であったといえる。したがって、従前の伝統工芸の徒弟制教育方法とあまり変わらず、実態としてみれば「云わば職人風」の教育しかできなかった[20]という見方もできる。

　卒業生の進路（1911年の卒業状況）は、4分の1は家業・実業といった自営業に就き、民間の工場に就職するものも13％弱で、規模の大きい工場は少ない。人材輩出の点からみると、石川県立工業学校は伝統工芸に従事する自営業の再生産機能を果たしたのではないかと思われる。石川県立工業学校のよ

---

(17)　石川県議会史編纂委員会『石川県議会史』第1巻、1969年、900頁。
(18)　三好信浩『日本工業教育発達史の研究』353〜359頁。
(19)　石川県立工芸高校『七十年史』1959年、262頁。
(20)　胡国勇「伝統産業の近代化と実業教育——明治時代の石川県立工業学校の場合——」『金沢大学大学院社会環境科学研究科・社会環境研究』第4号、1999年3月、139頁。

うな中等程度の実業学校は、地元地域の殖産興業化・地場産業の近代化の一翼を目標として期待されたが、欧米諸国からの近代技術の移植・移入といった一定程度の役割は果たしながらも、地域産業の構造変化までもたらすという革新的な教育機関ではなかったといえる[21]。

1923（大正12）年の全国高等教育機関の入学前教育内訳は、次のとおりである。

高等学校：中学校97.6％（4年修了24.4％と卒業73.2％）、検定2.1％
大学予科：中学校84％（4年修了17.8％と卒業66.2％）、実業学校0.4％、検定14.9％
実業専門学校（官立）：中学校72％、実業学校25.7％、検定2.3％
高等師範学校（女子高師・教員養成所を含む）：中学校46.5％、高等女学校19.6％、師範学校29.7％、検定2.2％

（文部省調査部『内外教育制度の調査』第4集　1932年、30頁より作成）

中等教育の拡大にともなって、技術革新を目指す産業界から、新たな技術労働者としての資質・能力が要請された。読み・書き・算術といった基礎的な能力に加え、技術労働者としての高度な専門性が必要とされたのである。生産や販売などの業務を統合的に試みる近代産業企業が現れはじめ、科学的管理法に基づく生産管理や労務管理といった企業経営の実務性を有する技術労働者の安定供給が望まれたといえる[22]。下記の表にあるとおり、民間企業を中心として、実業専門学校の官立高等工業学校出身者が果たした役割は非常に大きいものと思われる。官庁と民間の技術者比率をみると、1890（明治23）年には官庁が62.2％、民間が37.8％であったものが、その後民間の技術者が官庁の技術者を上回るようになり、1920（大正9）年には民間が73.2％、

---

(21) 胡国勇：同上書、142頁。胡は、石川県立工業学校の事例を通して、近代化への離陸の困難性を歴史的に検証できるとする。県立工業学校は、「職工長」や「職工」を大量に養成し、地元産業の近代化を推進するという教育ではなく、一部の美術家志望の生徒のために、美術学校、工芸学校の予備校的な役割を果たした以外には、事実上、伝統工芸・自営業層を再生産する学校であった。また、「石川県立工業学校卒業生徒調査表」（1911年10月）石川県『各学校卒業生状況報告』（1912年）によると、県立工業学校の卒業生354名（1889〜1911年）の内、就職者293名（83％）、進学者24名（7％）であった。

(22) 高村直助編『産業革命　近代日本の軌跡8』1994年、吉川弘文館、等参照。

官庁26.8％と、民間の技術者が圧倒的な占有率をみせた。民間に占める高等工業学校出身者の比率は急激な増加傾向にあり、1890年に7.2％しかいなかったが、1920年には50.4％と7倍の増加を示し、民間技術者の半数は高等工業学校出身者であったといえる。いっぽう、官庁に占める高等工業学校出身者の比率は民間の占有率に比較すると、低調な増加にとどまったといえよう。数値上からみると、高等工業学校出身者の主な活躍の場は、官庁ではなく民間企業であった。

〈技術者の官民別出身教育機関内訳（％）〉

年	1890	1900	1910	1920
民　間	37.8	52.9	56.0	73.2
／高工卒	7.2	24.9	38.7	50.4
官　庁	62.2	47.1	44.0	26.8
／高工卒	9.3	16.8	22.8	14.1

（新保博『近代日本経済史　パックス・ブリタニカのなかの日本的市場経済』1995年、創文社、138頁より作成）

（3）高等工業学校の設置過程

　1911年12月、地元新聞である『北國新聞』夕刊（第6693号）には、次のように掲載されている。高等教育機関を有して地域発展を遂げている、名古屋（1905年、名古屋高等工業学校の設置）や仙台（1906年、仙台高等工業学校の設置）を前例に挙げながら、金沢に北陸大学を設置する希望を前提として、現在ある石川県立工業学校を官立の高等工業学校へ昇格させることを優先させたいという内容であった[23]。

　名古屋高等工業学校の設置に際して、地元の愛知県は建設費15万円を醵出し、誘致を実現する。設立設計委員には、石川県立工業学校長の土井助三郎の他、地元の愛知県立工業学校長の柴田才一郎を加え、地元工業学校との関係を深めることから検討した。初代の名古屋高等工業学校長に就任した土井

(23)「高工と教育者」『北國新聞』第6693号、1911年12月21日、夕刊1面。

は、開校式の式辞で「設立の際愛知県立工業学校を本校（名古屋高等工業学校）の隣地に移転建設し、本校工場内に右県立工業学校在来の染織物機械類を備付け、本校に於て新たに購入したる機械類と共に両校生徒の授業上に共用せしむることとせしは経費上に於ても亦授業上に於ても両校の便益尠なからざるを信ず……機械色染の両科は地方の状況に鑑み本校に於ては特に木綿及木綿交織の製産物に重きを置」くと述べ、地元産業界との連携も強化する旨を強調する。地元から入学するものも比較的多く、卒業者の就職地も地元愛知県が圧倒的に多いということであった。

　また、仙台高等工業学校の設置に際して、地元の宮城県は「学都仙台」を標榜して、1900年頃から帝国大学の誘致に動き出している。帝国大学の前提として、宮城県は県立仙台第一中学校の敷地・校舎のすべてを国に寄附し、高等工業学校の誘致を実現した。東北帝国大学が設置された際、一時的に東北帝国大学の工学専門部となるが、1921年に官制改正され、仙台高等工業学校と改称された。仙台高等工業学校が、地元に帝国大学が出来てなお存続可能であった背景には、県と市が15万円の寄附をするなどして、実用・実地の教育を重んじる学校の存続をつよく望んだ点が大きい。

　名古屋や仙台を先例として、1912（明治45）年1月、金沢市会は県知事らに宛て、次のような「金沢高等工業学校」設置の意見書を提出したのである。

　　「金沢高等工業学校新設に関する意見書　……文部当局者の施政を勘案するに実業教育機関の布置に偏倚あるが如し、請ふ其事実を列挙せん。中央部には京都高等工芸・大阪高等工業・神戸高等商業・名古屋高等工業の四校あり、東北部には東京高等商業・同工業・同美術・仙台高等工業・米沢高等工業・盛岡高等農林の六校、西南部には山口高等商業・長崎高等商業・熊本高等工業・鹿児島高等農林の四校ありてわが北陸に一校も有せず、是果して布置の上に於て偏倚ならざるか。日本海岸の大部分を占める地方にして実業専門の教育機関を欠く。地方人民の一大不幸のみならず国家の為大いに遺憾とせざるを得ず。聞説らく前田侯爵家の先代利光、綱紀の二君は其当時にありて工業は富国の基礎なりとし鋭意その発達を奨励したる結果、工業歴史に今尚赫々たる光輝を放ちつつある加賀羽二重・陶・銅器・漆器、越中の木工・金工等は夙に世界に喧伝せ

らる。輸出羽二重の今日あるは亦其余光に外ならざるべし。……光輝ある歴史を有する我金沢市に前代の遺範に依りて今日より二十六年前に工業学校を設立し現に<u>県経営</u>として美術工業に関する学科を置き広く子弟を教養しつつありと雖も其程度に於てはまだ満足すること能はず、<u>且夫れ近時中学の卒業者にして高等工業の教育を受けんと希望するもの甚だ多し</u>。而して学費の不足或いは監督の不安より止むを得ず他の学科を選択する者少からず、是即ち当該機関の設置なきが故なり。……是我金沢市が<u>地方発展の為国家百年の福利の為</u>に高等工業学校の設置を切望して止まざる所以なり。若しそれ用地の負担の如きに至りては今より甘受を期待せん。」

＊下線は谷本強調。

　実業専門学校としての役割も大いに期待され、とくに富国の基礎を形成する高等工業学校の需要も社会的に高い。日本海側の北陸地域に専門教育機関が設置されないことは、全国的にみて地域間の不均衡・地域格差を誘発するだけでなく、長期的な国力の低下をまねく危険性もあり遺憾とするところである。輸出羽二重の生産が盛んな金沢では、従前県立工業学校が設置されているが、教育水準や教育効果は期待するように上がっていない。加えて、増加する中学校の卒業者の中には、高等工業学校への進学希望者も多い。もしも、高等工業学校の設置が金沢に認められる可能性があれば、金沢市は必要な学校用地（敷地）を確保・提供することは容易である。

　同年３月、石川県会の決議に基づいて、筬谷与右衛門[24]県会議長名で内

---

(24) 筬谷与右衛門の経歴等は、次のとおりである。家業は、金沢の醤油酒造・味噌製造業であった。第四高等学校に進学したが、父親の病気もあって中退して家業に専念する。金沢商業会議所議員として、地場産業発展のため尽力した。金沢市会議員、石川県会議員（立憲政友会）。県会議長も務めた。
　筬谷や横山らの他、誘致活動に積極的にかかわった主要人物らの略歴は、次のとおりである。

○清水　兼之（金沢市）
　市会・県会議員（政友会）。金沢火災保険株式会社社長などを歴任した。中央との親交もあったとされる。日本相撲協会から、木戸御免の待遇も受けた。
○高田　九八郎（金沢市）
　市会・県会議員（政友派）。県会議長も務めた。
○山田　藤太郎（金沢市）
　市会議員。琴平社の宮司を務める鏑木家の生まれ。兄弟の徳二、外岐雄は林学博士である。雑貨の山田商店を経営する。
○横井　伊佐美（金沢市）
　市会議員。弁護士であった。

務・文部両大臣に宛て、次のような「高等工業学校設置に関する建議」が提出されたのである。

　「其工芸進歩の比較的遅々たると機械工業の振興せざる所以のものは、惟うに高等教育機関の欠如せるに由るにあらずばあらず。……金沢市に工業学校の設置せられて二十有六年、其授くる所の陶磁器・蒔絵・彫刻・金工・刺繍・絵画・染織技術に至りては大いに見るべきもの少からずと雖も、其教育の程度卑近にして且一定の階級に止まり未だ現今以上の発達を示さざる所以のものは之を指導誘掖すべき高等工業教育に欠くるあるに外ならず、是れ北国工業家の常に遺憾措く能はざる所なり。況んや機械工業・化学工業等必要なる智識に至りては全然欠如せるものあり百般工業進歩の途を杜塞せるは北国人士の毎に痛歎する所なるをや。……各市に農商工各業に関する高等教育機関ありて、井然分布し以て地方民業発展の素地を造れり。然るにひとり北陸七州の地に在りては一も這般の設備あることなく七州五百万の野首をして空しく啓蒙の指南を捜索せしむ、是教育機関布置の宜きを得たるものと謂ふ可けんや。金沢市には既に工業学校の設置あり、之を廓入して高等工業とせば其設立費の如き甚だ多きを要せざるべし。仰ぎ顧くば速やかに吾人多年の希望を容れて北国の中央なる金沢市に高等工業学校を設置せられん」　　　　　　＊下線は谷本強調。

機械工業や化学工業の需要は高まってきているが、北陸・金沢ではそれに応えるだけの高等教育機関が存在しない。地場産業に呼応する石川県立工業学校は、職人子弟など一定階層の教育機会を保障するものであって、その教育水準もあまり高いものと評価できない。県立工業学校をなんとか拡充し

○飯尾　次郎三郎（金沢市）
　市会議員。山森市政の助役を務めた後、金沢市長（政友派）となる。市のインフラ整備に尽力した。羽二重精錬事業にも関係した。
○能沢　長太郎（金沢市）
　市会議員。金沢魚市場組合長、金沢魚市株式会社社長を務めた。
○関戸　寅松（能美郡）
　衆議院議員。県会議員（民政党）。県会議長も務めた。弁護士で金沢市弁護士会会長も務めた。県専門学校から第四高等中学校に転入した経験もあった。
○桜井　兵五郎（鳳至郡）
　県会議員。衆議院議員（憲政会）。ホテル白雲楼の開設者。日本タイプライター株式会社社長として、漢字タイプライターの普及に尽力した。
○田中　喜太郎（石川郡）
　県会議員。衆議院議員（憲政会）。

（『北国人物志』全3冊、1903年、北光社、等参照）

第2章　大正期の高等教育機関の設置過程　　75

て、北陸地域の中心である金沢に高等工業学校を設置すれば、設置費用は多くはかからない上、よりいっそうの地域産業発展の基盤形成が期待できる。

　市会・県会のいずれの要望においても、次のように結論づけられる。金沢には石川県立工業学校が設置されてはいるが、増加する中等学校卒業者に対して高度で専門的な教育を行うには、新たな高等工業学校の設置によるほかない。敷地・建物の確保など設置に関しては、地元金沢でなんとか対応可能である。機械・化学工業をはじめとする高等工業教育の普及によって、北陸地域産業の発展[25]ばかりでなく、国家経済・国力の安定や向上[26]にも十分波及していくものと期待される。

　同年2月19日、戸水寛人らによって「金沢高等工業学校設立に関する建議」が第28回帝国議会貴族院に提出されるが、同回同院に3月17日、鷲田土三郎[27]が福井県の「高等工業学校設置に関する建議」を提出したのである。提案者の鷲田によれば、福井県も輸出羽二重などの織物業が盛んであるが、いっそう高度な技術者（高工卒）を養成することが地元のみならず国力の増進につながるという主張であった。輸出羽二重の生産をめぐっても、福井と石川の北陸両県は互いにライバル視していたのである。下記に、福井と石川の輸出羽二重用の力織機の割り合いを示そう。力織機は、輸出羽二重用

---

(25)　金沢商業会議所の西永公平（金沢商業会議所副会頭・会頭代理祝辞）は、金沢高等工業学校
　　開校の祝辞で次のとおり述べている。
　　「北陸ノ中枢タル我ガ金沢ノ地ニ創立セラレ従来文化ノ恩恵ニ浴スルコト極メテ薄カリシ北陸
　　地方ニ文化的施設並ニ科学工業民衆化ノ曙光ヲ認ム吾人ノ欣幸何モノカコレニ如カン。」（「開
　　校祝辞」金沢高等工業学校校友会『会誌』第3号、1923年12月30日、橋本確文堂、10頁）。
　　また、金沢市長である相良歩は、次のとおり金沢高等工業学校に期待している。
　　「高等工業学校ヲ利用シテ金ノ分合、漆器トシテハ塗料材料ノ研究、金属ノ電気着色、薬品ノ
　　関係等高等工業学校トノ連絡ヲ着ケタイ」（『自大正十四年十二月至同十五年十二月　市会会
　　議録』内記課、1926年2月25日、金沢市議会事務局所蔵）。
(26)　金沢高等工業学校長を務める青戸信賢は、次のような教育方針を宣言している。
　　「学生諸君は学芸に勉励するのが、唯一の目的ではない。それよりも一層大なる目的、人格を
　　修養すると云ふ大なる目的に向て猛進すべきである。吾校は校長教授以下全力を傾注して、
　　此の大目的を達成せんことを期して居る。……専門学科の研鑽に努力するは勿論のこと、平
　　素品性の向上、人格の修養に意を用ひ、帝国の有用なる工業者たらんことを期し、以て健全
　　雄大なる校風を樹立せねばならぬ。」（「健全雄大なる校風を樹立せよ」金沢高等工業学校校友
　　会『会誌』第1号、1922年、3頁）。
(27)　鷲田土三郎の経歴は、次のとおりである。家業は福井の薬種商である。立憲政友会に所属し
　　た。福井県会議長、福井商業会議所会頭を歴任した。

に採用され手織機を凌駕していくが、とくに金沢絹織機は石川から福井、丹後にまで波及したとされる。

〈輸出羽二重用の力織機台数〉

	石川県		福井県	
	力織機	手織機	力織機	手織機
明治44年	5070（48%）	5400	4914（29%）	11658
大正 元年	5802（67%）	2780	7257（52%）	6563

（石川県鉄工史編集委員会『石川県鉄工史』1972年、石川県鉄工協会、46頁より作成）

　戸水の提出した建議も、鷲田の建議もともに「委員附託」扱いとされ、金沢高等工業学校、福井高等工業学校設置の建議案委員会では、「一時に北陸に二箇所の専門学校を建設せんとすることは財政上許すべくもあらず」として、「北陸に一個を設けんとす其場所は政府に一任すべし」と決する[28]。

　福井、石川の両県は、水面下で鎬を削ったものと思われる。『北國新聞』第6773号（1912年3月10日）の2面には、高等工業学校の設置競争が次のとおり報道されている。

　　「両県〔福井・石川県〕より設置案を提せられし上は容易に判断を下すを得ず去りとて両案とも採択の上設置を期するの無謀なる処置に出づるともならずココ最も苦心の存する処にして両県代議士は暗に競争を試みつつある」

　1914（大正3）3月、金沢商業会議所は横山章会頭名で衆議院議長大岡育造宛てに、「高等工業学校を金沢市に設立する件に付き請願」書を提出した。

　　「北陸地方に高等工業を置くことに付いて明治45年第28回帝国議会において衆議院より政府に建議せられたるところに有之候。金沢市は其位置よりするも其人口よりするも将た其歴史よりするも北陸地方工業の中枢たるべきは多言を要せず。既に設備頗る整頓せる県立工業学校ありて県下及近隣工業界に多大の貢献をなしたる事例に徴し国立高等工業学校を北陸に設くるに方り其位置を金沢市に撰ぶは最も適当の事と存候。此件に関しては既に明治44年石川県会より、

(28)「金沢　福井工業委員会」『北國新聞』第6773号、1912年3月10日、2面。

第 2 章　大正期の高等教育機関の設置過程　　77

45年金沢市会より共に当路に要望したる所に有之幸に此議政府当局の容るるところとならんか県市民は歓んで荷い得る限りの犠牲を提供するに躊躇するものに非らず候。」

　従前、石川県や金沢市が個々に誘致活動を行っていたが、北陸地域の「工業中枢」である金沢に高等工業学校を絶対に設置するためには、県と市が一体となって県・市民も誘致にかかる労苦や犠牲は惜しまないとされた。その意思表示を、地場産業の拠点である金沢商業会議所の会頭を務める横山が「請願」という形で行った意味は、数10万円以上はかかる高等工業学校の設置費を、地元の金沢で必ず担保・提供すると宣言したことに他ならない。

　横山は、翌1915年 3 月、中橋徳五郎（金沢出身、後に文相・内相等を歴任した）との衆議院選挙を1840票対1080票で制して代議士をつとめ、金沢高等工業学校の誘致に大きく尽力することになる。その後、再選を横山自ら断念し、中橋に平和的に代議士の地位を譲った人物である。

　1916年 8 月 1 日、文部省は1917年に新たに高等工業学校を増設するために、諸経費15万円を計上し、同月16日の閣議でもって建設地を決定する旨を発表する。同年 8 月 6 日、北國・石川毎日・金沢毎夕・新愛知・北陸の 5 新聞社社主らが参集して、次のような決議を行い、県知事・市長・県会議長・帝国議会両院議長などに送付し、誘致活動の側面支援を果たした。

　　「今回政府が新設せんとする高等工業学校は従来の関係に徴するも亦配備の上よりも推定するも当然金沢市に設置すべきものと認む。仍って下記の新聞社は歩調を一にして運動の衝に立つものに対して後援、督励して以て目的の貫徹に力む。」

　横山代議士を筆頭に、地元から上京して、政府関係部署に陳情活動を展開する[29]。その誘致活動に拍車をかける要因となったのは、広島や横浜[30]と

───────────────
(29) 地元の『北國新聞』（1916年 8 月 6 日、第8383号、 2 面）には、次のような高工誘致運動が報道されている。
　　「高工運動開始　▲同志会石川県支部　高等工業学校の新設地に関して昨今石川県民の耳朵を打つは昨記東電の「文部省にては東京以外に建設するものとせば右三県中広島を以て最も適当なる候補地と認め居るが如し」等甚だ芳しからざるものなるより同志会石川県支部は事容易ならずとし田中、関戸両代議士及辰村県会議長相携へて昨日午前県庁に富永内務部長を訪ひ協議且打合せの結果田中、関戸、室木三代議士相携へて今六日下り一番列車にて上京運動

いう都市が急遽候補地として有力視されるという情報であった。

　下記に、高等工業学校の誘致をめぐる広島・横浜・金沢の競合を、地元新聞の主な記事からみておこう。各新聞記事の内容に対して、おそらく一喜一憂したであろう地元の姿が想像される。

　　「目下盛んに運動中なる広島及横浜市と我が金沢市の三市中何れが最も適当なりやと云ふに横浜は単に貿易港たる大都市と云ふのみにて如上何等の要件を具備せず又広島は学校分布の関係より言へば多少論拠なきにあらざるも研究実験上好個の利便とするものなし然るに我が金沢市には我国重要輸出品たる羽二重、陶器等の製産地にして研究及実験に利便少からざるのみならず学校分布の上より云ふも……此種の学校を有する府県なきを以て其何れより見るも右三市中最も適当の地とせざる可らず」（「高工新設運動」『北國新聞』第8386号、1916年8月9日、2面）。

　　「横浜は衆議院議長の島田三郎君が頑張て居り広島は副議長の早速整爾君が腕を拕して居る、そして我金沢には衆議院議長の第二候補者になつた横山章君が控えて居る……是等の肩書が選挙区へ対して可なりに売れる処を見ると満更でも無い様である▼議長と副議長と議長の第二候補者の三者の何れが、最も多く政府当局を動かすの力を持て居るかは今回の高等工業問題で明かになる訳である」（「議長と副議長と第二候補者」『北國新聞』第8386号、1916年8月9日、2

━━━━━━━━━━━━━━━━━━

　　することとし一方辰村議長は県会議員の歩調を一にして運動すること及県民の輿論を高調ならしむる様努力することとせり　▲公友倶楽部　……横山氏は今回の問題に対して広島の早速代議士と対抗すべき最も重要の位置に在り機関紙の説に従へば創設費の幾分を自ら負担しても之を金沢に且贏ち獲むと意気込み居れり……▲有力なる運動者　本件に関して溝淵第四高等学校長は其の道のこととて逸早く之を知り是非金沢に置かしめむと過般校長会議に出席の為上京したる際極力金沢説を文部当局に吹込みたる由にて頗る効果ありたるものの如くなる……▲県民の覚悟　……若し之を他に奪はるるが如きこともあらば斯の如き当局には速に御辞儀をして貫ひ又代議士に対しては次回の選挙に一票だも興へざらむ足並を揃へること肝要なり」

(30) 広島の誘致については、1914年頃、広島一中校長広瀬時治と代議士早速整爾らが高等工業学校設置の要求したのが始まりとされる。商業では広島の将来は乏しいが、工業ならば地の利に加え、物資や労働者の供給があってその発展が期待できる。大阪と熊本にはすでに高等工業学校があるが、その間にある関西方面の中間地域の広島に、ぜひとも高等工業学校の設置が必要であるという趣旨であった。

　　横浜については、1916年頃、横浜の財界人である横浜正金銀行頭取の井上準之助、松尾鉱業株式会社社長中村房次郎らが高田早苗文相へ高等工業学校の誘致について陳情したとされる。同年12月、有吉県知事が敷地2万余坪と75万円（5ヵ年）を無償提供する旨を岡田文相へ申請した。実際に提供された75万円（5ヵ年）の内訳は、横浜市が45万円、神奈川県が30万円を負担するものであった。

第2章　大正期の高等教育機関の設置過程　　79

面）。

　「▲高工問題日を経るに従ふて益す猛烈となり記者団歩調を一にして決起す
……▲正義　は最後の勝利を占めんと東京よりの内信に接す文部当局反省せる
か▲北国地方を依然継子扱ひとなさばお味方党員は此際断乎として脱会せよ▲
広島は中国第一の花柳地也其名物を問へば答て一カキ二カキ三カキ……▲モー
つ恥かき頭かきを加へて広島に名物を添へしむるも亦面白からずや▲横浜は貿
易地にて学問の地に非ず銭勘定の真中で本を読めとは無理な話▲観じ来れば両
地共高工設置には不適当也国家の上よりせば金沢を可とす」（「茶の煙」『北國新
聞』第8386号、1916年8月9日、2面）。

　地の利に加え、中央との政治的な人脈などを強調する積極的な誘致活動を
展開するいっぽうで、広島や横浜の風説を含めた問題点を批判的に挙げなが
ら、消去法的な選択判断（政治決断）を懇願するという他力的な一面も、活
動の終盤では垣間みえる。

　同年8月16日の政府閣議で、「敷地の寄付を受ける事を条件」にして、広
島と横浜に次いで、金沢が高等工業学校の建設予定地に内定されたのであ
る。広島や横浜に加え、高等工業学校の設置が金沢にも認可された背景に
は、激しい地元の陳情活動が展開されたからだけでなく、高等工業学校の設
置に必要とされる土地・建物を含めた設置費用80万円の確保がおおむね可能
と認められたからといえる[31]。

　『大正七年石川県通常県会決議』（石川県立図書館所蔵）をみると、1918年度
高等工業学校設立準備費2200円、1918度高等工業学校設立費寄附金本年度支
出額20万円、1919年度高等工業学校設置費補足費（特別会計補足費）6万円
と、記されている。その後、地元の寄附金は総額75万円になった。その内訳
は、次のとおりである。石川県負担22万円（29.3％）、金沢市負担13万円（17.3

────────────────

(31)　『加越能時報』第294号（1916年9月15日）には、「高工校増設運動の経過」と題して、次のと
　　おり記されている。
　　「兎に角多年金沢に高等学府を置かむとの希望と、更に金沢をば工業地に成すべき理想とを有
　　したる地方人士に取つては……八月十四日の閣議にて金沢高等工業学校は既に横浜、広島両
　　市に設置したるの今日更に本年度に於て之を金沢市に設置するは経費及び教員補充上到底不
　　可能なるを以て其の申出でなる土地其他の寄附金八十万円を確実と認め明後年（大正七年）
　　度に設立することを認容するに決定したる由而て右は三箇年の継続事業となし学科は未だ具
　　体的に決定を見ざるも多分応用化学、採鉱冶金科、窯業科を併置する事となるべしと云ふ」
　　（38〜39頁）。

％）、県民個人寄附40万円（53.3％）である。個人寄附の内訳も、前田利為侯爵20万円、横山章10万円と、地元有志らによる大口寄附が多くを占めた[32]。

1917年の段階でも、市内における具体的な高等工業学校の建設予定地はいまだ未定であった。高等工業学校の設置には、適切な環境のもと、約１万５千坪の土地が必要であると考えられた。金沢市内における候補地の地価高騰を懸念して、敷地選定には関係者らの熟慮と慎重な調査が進められた。『加越能時報』第308号（1917年11月15日）には、「文部省の不意打」として、その一端が次のとおり記されている。

　　「高等工業学校敷地調査官長屋〔耳順〕督学官、高橋文部技師は金沢市出張辞令の公けにせられたる時、既に東京を発したるものゝ如く去月〔十月〕二十五日来沢し原圓に止宿而して其調査は頗る秘密に属し外界よりは窺知すべからざるものなりとぞ」（43頁）。

　　　　　　　　　　　　　　　　　　　　　　　　　　＊下線は谷本強調。

　実際に、敷地選定作業が進展していく過程で、候補地として金沢市近郊の４ヶ所が挙げられる。石川郡三馬村泉、崎浦村笠舞、崎浦村上野新、金沢市横山町である。その中でも、とくに風光明媚で教育環境としてすばらしいとされた崎浦村上野新に、最終的に白羽の矢が立った。『加越能時報』には、1918年３月４日、上野新に高等工業学校の敷地が決定される過程が示されている。

　「高工敷地の未決定」『加越能時報』第310号（1918年１月15日）
　「金沢市有志の提供にかゝる高工敷地に関する四ケ所の候補地は悉皆皆落第に了り結局石川郡笠舞村か或は泉野辺に決定するなるべしとなむ」（48頁）。

　「高工新候補地」『加越能時報』第311号（1918年２月15日）
　「高等工業学校の敷地は予算に限りあれば土地買収価格土工費の最低廉にして而も水量豊富且水質極上の地に選ばざる可らず而して近時に至り是に用ふの候

---

(32) 青戸校長は、次のように地元の寄附について謝辞を述べている。
　　「我邦工業ノ隆昌、地方工業ノ発展ノ為ニ当県ノ人士ハ本校創立ニ就キ非常ノ御尽力ニナリ又多大ノ御寄附ヲサレマシタ前田家横山家其ノ他有力ナル各位ハ振テ醵金サレ七拾五万円余ノ巨額ニ達シタト云フ事ニ就テハ私ハ各位ニ対シ甚大ナル敬意ヲ表スル者テアリマス。」（「青戸校長式辞」金沢高等工業学校校友会『会誌』第３号（開校記念）、1923年、１頁）。

第2章 大正期の高等教育機関の設置過程　81

補地に含有されつゝある石川郡笠舞こそ最有望ならんとの節一般に唱へられ居りしに又々一方に小立野有望説を可とする者多く今や候補地は殆ど前記二箇所中にて決定さるゝ如く揣摩されつゝあり然して後者候補地の運動には餝谷県市会議員等最も熱心に運動し既に米田穣氏を通じて一方主務省に向つて交渉し殆ど確定せる如く豪語しつゝあれ共当局は前記の条件具備せるや否やを詳細に研究調査し然る後決定するものなれば事実果して如何にやと云ふ者あり」（45頁）。

「高工敷地は小立野か」『加越能時報』第312号（1918年3月15日）
「高工敷地問題は市内何れの方面とも決定せざりしが第一区第三区は稍々有望にて其噂ありしが遂に第三区小立野に内定せしものゝ如しと但し同区は遊廓劇場に遠隔し吾人は夙に嘱望しつゝありしが今や事実となるらしきは慶賀に堪へざる次第といふべし」（28～29頁）。

　高等工業学校の誘致活動に率先して尽力した県会議長も務めた餝谷与右衛門は、候補地のひとつであった小立野に居住しており、上野新の区長を務めた上野八三郎らとともに、地元の小立野周辺を中心にして、高等工業学校設置のための寄附金徴収を幅広く行い、県当局と地主らとの土地交渉にもその手腕を大いに発揮する。県知事は、15人の地元地主らとの間で敷地買収登記の手続きを行い、敷地1万6千553坪（時価9万9千円余り）に対し、買収費は3万5千700円余りとされた。
　1921（大正10）年に開校された金沢工業学校の志願者及び入学者の内訳は、次のとおりであった。志願者は239名（中学校卒業者219名・工業学校卒業者20名）で、入学者は112名（中学校卒業者106名・工業学校卒業者7名）、平均倍率2.13である。入学者の内訳は、土木工学科40名・機械工学科40名・応用化学科32名である。出身地別にみると、石川県は土木工学科19名・機械工学科21名・応用化学科17名の57名（50.1％）、富山県は土木工学科2名・機械工学科3名・応用化学科1名の6名（5.4％）、福井県は土木工学科1名・機械工学科3名・応用化学科0名の4名（3.6％）、新潟県は土木工学科4名・機械工学科3名・応用化学科0名の7名（6.3％）、北信越の地域構成比は66％を占めた。
　1921年4月8日付けの『北陸毎日新聞』には、「規模の宏大は北陸一の校舎といっても過言でない」と自負する青戸信賢初代校長が、「喜ぶべき現象

〈金沢高等工業学校の志願者数及び入学者数〉

	志願者数	入学者数	土木	機械	応化	倍率
1921年	239人	112人	40	40	32	2.1
1926年	372人	112人	41	42	29	3.3
1931年	680人	133人	49	48	36	5.1
1936年	909人	128人	46	47	35	7.1

は入学志願者のうち石川県人が112名という半数を占め、隣県の富山県が14名、福井県が13名、これをみても石川県の寄付金でできたので真に石川県の学校だといって然るべきだ。」と述べている。地域社会の視点からすると、金沢高等工業学校の設置は、第四高等学校や金沢医学専門学校の他、地元中学校卒業生らの進学機会の選択肢拡大を意味したといえよう。下記の志願者数及び入学者数をみると、各学科の入学定員を一定に維持することによって、学科教育の水準維持がはかられるいっぽうで、中等教育の拡大・大衆化にともない平均倍率の高騰という現象が生じた。

　開設された金沢高等工業学校各学科の社会的な役割については、地場産業とされた美術工芸に重きを置く県立工業学校の果たした機能とは異なり、「進取の慨を欠くの嫌なきを保せず、現下時運の要求に鑑み新産業の勃興を策さむには大いに現代工業を勧奨しその教育を普及す」[33]という新たな期待がつよくよせられていた。高等工業学校の各学科が社会的・応用的に貢献するであろうと期待された、主な領域・分野は次のとおりである。

土木工学科：上下水道、トンネル、地下鉄、港湾、吊橋、橋梁、測量
機械工学科：飛行機用発動機、機関銃、オートバイ、機関車、旋盤
応用化学科：染料、ポマード、写真現像液、香水、顔料、砂糖、石けん

　とくに機械工学科では、実習に重きを置くという田淵京次郎学科長の指導方針のもと、仕上工場勤務として機械の技術操作を実際に指導する、英国人お雇い教師のフランク・ホワード・コックスを、名古屋高等工業学校から招

(33)「石川県知事祝辞」金沢高等工業学校校友会『会誌』第3号（開校記念）、1923年、3頁。

聘するなどした(34)。

　大正期以降、工業生産高が農業生産高を上回り、輸出市場も急激に拡大した。それにともなって、石炭・電力・鉄鋼・機械などの生産が刺激され、国内市場も拡大した。染料、薬品などの化学工業も、この時期に台頭した。1937（昭和12）年までの金沢高等工業学校の卒業生数は、1472人で毎年100名前後の専門的に優秀な人材を社会に輩出した。主な卒業生らの就職先も、次のとおりであった。鉄道局をはじめとする官界、県庁などの地方行政組織、呉海軍工廠・中島飛行機会社などの軍需関係、真柄建設・津田駒工業・日立製作所・三井物産などの民間企業、と多方面であり、卒業生らには近代日本の礎となる分野での活躍がもとめられたといえよう。第1回の卒業式（卒業生91人）を祝して、青戸校長を初代会長とした、卒業生らの親睦をはかり、工業発展に資する「金沢工業会」が創設された。

　1924年5月の開校記念式典で、以下のとおり、青戸校長は高等工業学校と実業社会との密接な関係の必要性について、地元関係者らに向け強調して述べている。高等工業学校を金沢に誘致した地元の大きな狙いは、高等工業学校の社会化を実現させることであるとした。

　　「学校を社会化することによって、自他共に利益を享くるのでありますから、此の方針は何処までも拡大したいと思つて居ます。それには何より先づ県市の実業方面と緊密なる連絡をとる必要があると信じます。具体的に申せば、県市の諸工場では吾校の為め出来る丈け開放せられて、我校〔ママ〕研学の資料を提供せられんことを切望致します。それと同時に、吾校も出来得る限り開放致しますから、本校の工場なり、実験室なり、図書なり、或は講堂なり、運動場なりを利用されたいのであります。此の如くして実業方面と我校〔ママ〕とが

---

(34) 『自昭和十一年至昭和十七年　年報書類綴』（金沢大学資料館所蔵）をみると、次のとおり実験・実習を重視する教育姿勢がうかがえる。
　　「年度内ニ於ケル施設ノ要領及現況　工業熱力学応用ニ係ル新興機械工業トシテ近年目覚シク発達ヲ遂ケツツアル換気及温度ノ調節並ニ冷凍製氷等諸機械ニ関スル実験研究ノ緊急ナルヲ認メ昭和五年以来之ガ実験室新営ヲ要望シツツアル」（「昭和十年度金沢高等工業学校年報取調条項」）。
　　「学術実験等ノ為教員出張状況　出張先ハ学術研究ニ最モ有効ナル枢要都市又ハ大工業地ヲ選ヒテ教授ノ実際的研究ニ資セシメ修学旅行実地指導等ニ就テハ大会社工場ノ新設工事及重要工事ヲ昂メテ実際的ニ研究セシメ且本年度ニ於テハ卒業生就職地開拓ノ為夏季満州国出張ヲ実施スル等多大ノ効果ヲ収メタル」（「昭和十年度金沢高等工業学校年報取調条項」）。

84

連絡を保つことが出来たら、吾校の社会化方針も充分に行はれ、同時に諸君が
吾校設立に御努力になつた御趣旨も徹底することと思ひます。」[35]

第3節　金沢医学専門学校の大学昇格

　1918（大正7）年12月、明治以来の教育制度全般を審議検討の対象とした
臨時教育会議[36]の答申のひとつ「大学教育及専門教育ニ関スル件」（同年6
月）を受けて、「大学令」（勅令第7条）が制定された[37]。「大学ニハ数個ノ学
部ヲ置クヲ常例トス但シ特別ノ必要アル場合ニ於テハ単ニ一個ノ学部ヲ置ク
モノヲ以テ一大学ト為スコトヲ得　学部ハ法学、医学、工学、文学、理学、
農学、経済学及商学ノ各部トス」（大学令第2条）や「大学ハ帝国大学其ノ他
官立ノモノノ外本令ノ規定ニ依リ公立又ハ私立ト為スコトヲ得」（第4条）、
「公立大学ハ特別ノ必要アル場合ニ於テ北海道及府県ニ限リ之ヲ設立スルコ
トヲ得」（第5条）などの規定をみると、「帝国大学」の枠組み自体は維持し
ながら、従前の「帝国大学令」（1886年）に基づく単一的な大学制度を、時代
や社会の状況変化に応じて改編・調整しようと試みる姿勢がうかがえる。
1918年の「大学令」制定時までに、帝国大学は東京・京都・東北・九州・北
海道の5校が設置されていたが、帝国大学は官立の総合大学とみなされ、金
沢をはじめとして全国各地から帝国大学誘致の動きが活発化した。しかし
「大学令」の制定以後、帝国大学の新設は大阪（1931年）・名古屋（1939年）の
2校にとどまった。

　1900年代以降、官立医学専門学校の卒業生の扱いや「医学士」の称号など
が社会的に問題視されるようになり、帝国大学と専門学校の関係性におい
て、医学教育の統一（医育一元論）の必要性も次第に醸成され始めた。臨時教
育会議でも、「人命ヲ扱ヒマス医者ノ教育ニ等差ヲ付ケマスノハ是ハ全ク変
態ナコトデ……何レ早晩医育統一ガ行ハレルデアラウト期シテ居リマス……

---

(35)　青戸信賢「金沢高工の社会化——五月十日開校紀念式に於ける式辞——」『金沢工業会誌』創
　　　刊号、1924年、2頁。
(36)　海後宗臣編『臨時教育会議の研究』1960年、東京大学出版会。
(37)　中野実「1910年代における大学制度改革論議と大学令」『近代日本大学制度の成立』2003年、
　　　吉川弘文館、198～291頁。

医学専門学校ヲドウスル、大学ト専門学校ノ制度ト将来合セテ連続スル」[38]
（湯原元一）として、医学教育の統一論に委員の間で異議はみられなかった。
帝国大学の他に官立の単科大学を認めるという「大学令」の制定によって、
医学専門学校の大学昇格も実現されることになる。1922〜1923年にかけて、
千葉・新潟・岡山・金沢・長崎にある５医学専門学校が「大学」に昇格し、
官立の医科大学となった。「大学令」の制定以後、官立の単科大学は、先の
５医科大学、東京商科大学、神戸商業大学、東京・大阪の２工業大学、東
京・広島の２文理科大学の11校が新設された（1929年に県立熊本医科大学が、
1931年に県立愛知医科大学が、それぞれ官立に移管される）。

　政府は、帝国大学以外に官立・公立・私立大学の設置を認める『大学令』
を制定するいっぽう、急激に高まりつつあった全国的な中等学校以降の高等
教育機関への進学要求に応えるために、官立高等教育機関を対象とした「高
等教育機関拡張計画」（1919〜1924年）を策定し、速やかに実施をはかってい
く[39]。この計画は、1925年度に予想される進学志望者数約２万人を十分に
収容するだけの官立高等教育機関の新設・拡充を目指したもので、皇室から
得た内帑金1000万円や地域社会からの寄附金などを基にして、高等学校10
校、実業専門学校17校、専門学校２校、大学６校の設置などを目標とした。
中橋文相がこの計画案を発表した際に、具体的な新設予定地を明示しなかっ
たことが、各地で生じる官立高等教育機関の誘致をさらに誘発させたといえ
る。臨時教育会議の審議過程で、江木千之委員から官立高等教育機関の設置
にあたって、地元に無理な財政支出を強制する懸念は生じないかという質問
があり、沢柳政太郎委員が「地方ニ高等教育ノ中心ガ出来タト云フコトニナ
リマスレバ余程其一国、一県ノ精神上ノ向上ヲ図リ、其学校ガ中枢ニナルト
云フコトデ余程大イナル利益ヲ受ケルモノデアリマスカラ、府県ノ資力ノ許
ス限リニ於テ、適当ナル範囲ニ於テ寄附ヲスルト云フコトハ私ハ敢テ差支エ
ナイコトデハナイカ」[40]と答弁している。明治期の官立高等中学校の設置に

---

(38)「諮問第三号『大学教育及専門教育ニ関スル件』答申案審議」（1918年６月21日）『臨時教育会
　　議（総会）速記録』第17号、39頁。
(39) 伊藤彰浩「『高等諸学校創設及拡張計画』の成立」『戦間期日本の高等教育』1999年、玉川大
　　学出版部、20〜50頁。

際して顕著にみられた誘致の様相、誘致を希望する地域側からの「寄附金」の提供行為は、大正期以降の多くの官立高等教育機関の設置にあたっても踏襲されており、政府も自主的な寄附金の提供行為ゆえ問題ないと考え、国家財政の低減をはかる上でも、順次設置を目指す官立高等教育機関の設置計画において、地域からの多額な寄附金は必要不可欠なものであったといえる。

また、官立高等教育機関を中心とする高等教育体制の維持・安定をはかる上で、公立専門学校の「官立移管」という動きも軽視できない。ここでは、富山薬学専門学校の動き[41]をみておこう。1909（明治42）年7月、「専門学校令」による県立の薬学専門学校が、富山市に設置された。開校した1910年4月の富山県立薬学専門学校（修業年限3年）の入学者数は、本科生31名、別科生75名であった。ところが、新校舎の建設（工事費37万3千円）などもあり、県会でも国庫支弁を求める官立への移管が問題視される。1916年4月、日本薬学会が富山県会議事堂で開催された際、東京帝国大学教授であった長井長義が来県して、富山県における伝統的薬業の高度化や技術革新を大いに期待するとして、薬学専門学校の将来的な発展をはかる上でも、県立から官立への移管を促した。これを受けた富山県では、官立への移管運動を推進していくことになるが、1917年8月、文部省の松浦専門学務局長が薬学専門学校の視察検分を行った。松浦の調査結果によると、現有施設の状態では貧弱不完全で、官立移管のためには約60万円の創立費が必要であろうという示唆であった。井上県知事は、県財政の事情を訴え、寄附金額47万円を条件にして、文部省と交渉を重ねた。その結果、1920（大正9）年12月、県立薬学専門学校の官立移管が公布され、文部省令第29号によって、富山薬学専門学校が設置された。創設費は46万円で、富山県が7割の32万円、富山市が3割の14万円を分担したとされる。とくに、市の負担の半額以上は、市内有志624名の寄附金によるものであった。官立の富山薬学専門学校の設置に際しては、近隣にある金沢医学専門学校薬学科の廃止・統合が話題となることもあった。金沢医学専門学校の薬学科は、1923年に金沢医科大学附属薬学専門部として

---

(40)「『高等教育機関増設ニ関スル建議』案審議」（1917年11月1日）『臨時教育会議（総会）速記録』第7号、21頁。
(41) 富山大学年史編纂委員会編『富山大学五十年史　下巻』2002年、340〜341頁。

併設されることになる。

　1923（大正12）年4月に設置された金沢医科大学は、学長1名のもと、教員定員教授24名、助教授23名などと官制で規定されたが、実際は大学予算の不足もあって、教授20名、助教授15名程度で運営していたとされる。当時の大学は、講座設備費や維持費などを自校の収入支弁で運営しなければならなかった（大学特別会計法）。1931年のデータでは、総支出119万円の内、28万円が俸給、91万円が校費とされ、校費の内訳は病院・学用患者費59万円、研究費32万円であった。これに対して、政府からの支出金は6割ほどで、残り4割は病院収入によるものとされる。赤字を出した際には、病院の余剰金からまかなったといわれている[42]。附属医院の運営は、医科大学にとって教育・研究活動を支える重要な柱であったと考えられる。

　医科大学の附属施設となる以前の病院は、石川県の金沢病院であった。当時の金沢病院の収益率は、全国の県立病院の中でも好成績であったといわれ、経常経費が年間2～3万円であったが、病院の歳入でほぼまかなうことができた[43]。しかし、「臨時部ノ支出ヲミルト損ガ行ッテ儲ルコトガナイ。サウシテ一方ニ於テ金沢病院ハ現今ノ医学ノ進歩ニ副フテ発達スル事ガ出来ヌ。其ノ為ニ此ノ北陸大学ノ拡張ナドニ於テハ非常ニ支障ヲ来タスコトガアルダラウ」（1918年通常県会）として、医科大学が設置される前年の1922年3月、県立金沢病院は官立に移管される。

　1923年に設置された金沢医科大学は、医学科（修業年限4年）と附属薬学専門部（修業年限3年）から構成され、1926年のデータによると、高等学校の高等科理科卒業程度の者を前提とした医学科学生数は164名で、内3分の1が石川県人であった。また同年、中学校の卒業程度の者を前提とした附属薬学専門部生徒数は125名で、内3分の1が石川県人であった。1926年5月に大学大講堂で開催された初の金沢医科大学開学式で、金沢医学専門学校の校長を長年務めた前医科大学長の高安右人が、次のような祝辞を述べている[44]。医育の統一、医学教育の一元論を実現することが、医学専門学校の

---

(42)　佐藤保「国家財政と大学経営の逼迫」『金沢大学五十年史　通史編』2001年、188頁。
(43)　佐藤「金沢医学専門学校の独立と金沢病院の新設」同上書、184頁。
(44)　金沢大学医学部百年史編集委員会編『金沢大学医学部百年史』1972年、273頁。

大学昇格を目指した原動力であったことが、現場責任者の証言からよく分かる。

　「爰ニ於て大学の拡張高等学校の増設に伴ひ直轄医学専門学校の昇格確定し医育統一の実現を見大正十二年三月勅令第九十三号を以て愈々金沢医科大学を設置せられ茲に初めて吾人多年の宿望を達成し実に欣喜に堪へませなんだ」

官立高等教育機関の設置状況

年	帝国・官立大学	高等学校	実業専門学校	専門学校	高等師範学校
1901（明治34）				千葉医専 仙台医専 岡山医専 金沢医専 長崎医専	
1902（明治35）			神戸商業 京都工芸 盛岡農林		広島高師
1903（明治36）					
1904（明治37）					
1905（明治38）			長崎商業 名古屋工業 山口商業		
1906（明治39）			熊本工業 仙台工業		
1907（明治40）	東北帝大	八高			
1908（明治41）			鹿児島農林		奈良女高師
1909（明治42）					
1910（明治43）	九州帝大		上田蚕糸 小樽商業 米沢工業 秋田鉱山	新潟医専	
1911（明治44）					

1912（大正元）					
1913（大正2）					
1914（大正3）			東京蚕糸 京都蚕糸		
1915（大正4）			桐生染色		
1916（大正5）					
1917（大正6）					
1918（大正7）	北海道帝大	新潟高 松本高 山口高 松山高			
1919（大正8）		弘前高 松江高 水戸高 山形高 佐賀高			
1920（大正9）	東京商大	東京高 大阪高 浦和高 福岡高	広島工業 横浜工業 神戸商船 鳥取農林 名古屋商業 金沢工業	富山薬学	
1921（大正10）		静岡高 高知高	仙台工業 明治 三重農林 福島商業 大分商業 東京工芸 神戸工業	大阪外語	
1922（大正11）	新潟医大 岡山医大	姫路高 広島高	宇都宮農林 彦根商業 和歌山商業 浜松工業 徳島工業		

| 1923 （大正12） | 千葉医大
金沢医大
長崎医大 | | 岐阜農林
横浜商業
高松商業
長岡工業
福井工業 | | |

（各年度の文部省年報より）

　大正期の官立高等教育機関の設置過程は、「大学令」の制定や「高等教育機関拡張計画」の実施からみて、高等教育への進学要求を満たすことを主眼として、全国的な受け皿の教育機関を配置・設置したことに他ならない。大幅な帝国大学の設置増・新設がみられないように、歴史と実績のある医学・工学・商学などの専門教育機関（専門学校や実業専門学校）を限定して、「大学」（官立単科大学）に昇格・改組させるという政策であった。文部省が、官立高等教育機関の設置予定地を当初から明示することがなかったこともあって、誘致活動が全国的に活発化していったといえる。この時期の北陸地域でみると、高等工業学校の設置にあたって、金沢と福井が双方個別で同時期開催の帝国議会に、高等工業学校の設置建議を提出している。官立高等教育機関の誘致活動においては、地域社会からの多額の寄附金醵出が、誘致の条件として政策担当者らから示唆されていたようである。金沢高等工業学校の誘致にあたって、旧藩主の前田利為や地元産業資本家の横山章といった地元有志らが大口寄附者として活動を支えた。そのような結果、この時期の石川県・金沢には、第四高等学校、金沢高等工業学校、金沢医科大学、金沢医科大学附属薬学専門部という、教育目的や教育課程などがそれぞれ異なる、計4つの官立高等教育機関が集積・配置されることになる。

第3章　戦時体制の高等教育機関の設置過程

第1節　非常時から戦時動員体制への動き

（1）1930年代前半における地域社会の動き

　昭和初期の金融・昭和恐慌で、各地の都市部では大量の失業者が発生し、また1931（昭和6）、1934年の大凶作により農村部も荒廃した。東北・北海道などでは、子女の身売りが数万人にも及んだといわれている[1]。昭和恐慌は、1931年の犬養内閣（高橋蔵相）のもと断行された金輸出禁止、国債の大量発行によるインフレ対策によって、打開されていくことになる。その間に労働者の解雇も急増し、労働争議も各地で生じた。1929年5月、県内初のメーデー（労働者祭）が兼六園長谷川邸跡で、300人の参加者のもと開催される。

　いっぽう、大正末から昭和初期にかけて、都市の近代化といった様相は北陸の中心地である金沢において顕著に表れた。カフェー文化の賑わいはその象徴であろう。1919（大正8）年に市内香林坊に開設された金沢初のカフェー“ブラジル”は、店内鏡張りで大理石のテーブルが置かれ、電気自動ピアノの音色のもと、エプロンをした女給がダンス相手をつとめるといったサービスを行った。当時、コーヒーは20銭でチップは1円であったとされる。1931年には、“美人座”や“赤玉”といったカフェーが開店し、美人座の女給が31人であったのに対して、赤玉は33人の女給で対抗するなど両者とも人

（1）大内力「大恐慌襲来」『日本の歴史24　ファシズムへの道』2006年、中央公論新社、183〜223頁。1931年の山形県下全体で4、5百人の子女が身売りされたとする。また、『売春婦論考』（1928年）の著者、道家斉一郎の調査（1924年）によると、全国の娼妓数52256人の内、石川県は大阪、東京、京都、広島、兵庫に続く第6位で、2379人の娼妓が存在したとされる。1932年に金沢で開催された「産業と観光の大博覧会」の演芸館では、県内芸子らの余興は思いのほか「濃艶な情緒に魅惑され得るので、その評判は迚もよかつた」（産業と観光の大博覧会協賛会『金沢市主催　産業と観光の大博覧会協賛会会誌』1933年、53頁）という。

石川県社会運動史刊行会（金沢大学法文学部国史研究室）『石川県における戦前のメーデーの歴史　石川県社会運動史資料シリーズ1』1971年（抄）古書店より入手

気を博した。1932年には、広坂管内にあるカフェーは49軒、女給数は274人といわれ、最盛時には80軒にも及ぶカフェーが存在した[2]。

1930年代には、製鉄、鉄鋼、機械、化学、電力といった重化学工業が高揚する。1919（大正8）年には、工業生産高が農業生産高を上回った。企業規模も拡大する。輸出市場の急激な拡大によって、とくに海運業・造船業が活況を呈びる。それまでは、鉄道・道路・河川・港湾といった地元地域の土木開発（インフラの整備）に比重が置かれていたが、1930年代以降、電力・軍事関係の建設事業に移行していく。1919（大正8）年と1936（昭和11）年との企業総資産額を比較してみると、次のとおりである。

〈1919年の企業総資産額〉

川崎造船所（1億7144万円）	大日本紡績（6973万円）
三菱造船（1億3300万円）	三菱鉱業（6798万円）
久原鉱業（1億153万円）	北海道炭礦汽船（6197万円）
鐘淵紡績（8431万円）	台湾製糖（5351万円）
三井鉱山（7058万円）	

〈1936年の企業総資産額〉

日本製鉄（5億2597万円）	日本鉱業（1億8121万円）
王子製紙（3億4468万円）	東洋紡績（1億7208万円）
鐘淵紡績（2億6136万円）	川崎造船所（1億6661万円）
三菱重工業（2億137万円）	三井鉱山（1億5383万円）
日本窒素肥料（1億9767万円）	大日本紡績（1億4837万円）

＊宇田川勝・中村青志編『マテリアル日本経営史　江戸期から現在まで』1999年、有斐閣、165〜166頁より作成。

1933年には、綿織物の輸出量が英国を抜き第1位になる。紡績技術の機械化が、機械産業として飛躍的に進展したためである。織機工場でも、1930年代以降は自家用や市販用の工作機器を製作し始めるようになった。輸入自動車のホイルを荷車に改造したのを端に発し、ゴム車両をもつ車両の製造も活発化した。東南アジア等にも輸出し、全国的な軽車両産地となる[3]。1936年

(2)　金沢市史編さん審議委員会「カフェーの消長」『金沢市史　現代篇』下、1969年、1098頁。

「金沢博記念絵葉書　昭和七年春」（抄）古書店より入手

　3月、北陸最大の工業組合である金沢鉄工機械工業組合が設立され、海軍の舞鶴要港部工作部からの軍需品の下請け加工作業が組織化される。

　1932年4月から6月にかけて、金沢で55日間開催された「産業と観光の大博覧会」は、1930年代前半における地元地域の積極的な動きとして象徴的であろう。「北陸唯一の都市として自ら自負し……順次歩一歩文化的施設を施し、郷土愛の精神を発揮し、名実共都市の面目を躍如せしめんと」[4]試みた博覧会は、金沢市長の吉川一太郎に対して、金沢商工会議所（会頭中島徳太郎）らが優良な国産品（発明品・特許品）の博覧会開催を求め、10万円の開催資金調達を約束して実現されたものである。実際には、賛同者2842人から計13万545円の寄附がなされた。博覧会開催にあたっては、宣伝用ポスターを6千枚作製・配布し、防空思想も兼ねた宣伝パラシュートの実技も粟ヶ崎海岸にて披露するなどした。「殊に第二国民たる小学生が博覧会の概念を体得

（3）金沢鉄工史編さん委員会『金沢鉄工史』1982年、北陸鉄工協同組合、120～121頁。
（4）産業と観光の大博覧会協賛会：前掲書、1頁。

第3章　戦時体制の高等教育機関の設置過程　95

し其純な頭脳に深い感銘を与へた事は近き将来の産業に裨益する所大なるものがあらう。」[5]として、北陸3県下の学校に対して、博覧会参加の勧誘状822通を郵送した。上海事変の勃発にともない、金沢に駐屯する第九師団の出兵も行われるさなか、金沢市主催の博覧会開催によって「協心戮力」して「国運ノ進展」の「原動力」たらんとした。博覧会場には、日支事変館・満蒙館・国防館をはじめ、金沢が誇る地元名品を展示した美術工芸館や機械館などが設置された[6]。博覧会演芸館の入館者は計5万2000人強（1日平均950人）で、内訳は大人3万1700人、小人2974人、軍人302人等であった。

> 「今ヤ我国現下ノ時局ハ内外頗ル多事ヲ極メツツアルヲ以テ全国民ハ須ク協心戮力益々産業ノ発展ト貿易ノ振興トニ勗メ財界ノ復活更生ヲ図ラサルヘカラサル時ニ当リ之カ原動力タルヘク本会ヲ北陸ノ一角ニ開催シテ聊カ国運ノ進展ニ貢献セムトシタル」（1932年6月5日の閉会式、博覧会長・金沢市長吉川一太郎の弁）[7]

（2）1930年代後半以降の国家総動員へ向けての動き

1937（昭和12）年に開始された日中戦争が長期化していくにしたがって、国内の地域社会において国策としての戦時総動員体制への移行がはかられていくことになる。たとえば、地場産業から軍需産業への転換・変容といった戦時体制へ向けての様相が挙げられよう。その中で、国内外の事態の進展に即応しつつも、むしろ主体的にそれに乗じようという動きがみられた。戦時国家（中央）の利益を優先視しながら、地元地域社会や学校の発展を追求していこうとする姿勢である。

1938年には、「繊維機械製造制限令」が制定されて、繊維機械の製造が原則的に禁止となった。織機・紡機の製造業者らは、軍需生産への転換を余儀なくされる。金沢・山中・寺井・七尾航空の工場も、地元機業場の転用によるものであった。小松製作所などは、むしろ積極的に軍需への転換を進め、戦闘機の機体の成型に必要な大型プレス機や戦車用部品、とくにキャタピラ

（5）同上書、125頁。
（6）橋爪紳也監『日本の博覧会』（別冊太陽133）2005年、平凡社、129頁。
（7）産業と観光の大博覧会協賛会：前掲書、28頁。

96

一の生産に特化していく[8]。地域や学校が国家に絡めとられる時代、固持すべき自らの「信念」や「誇り」といったものは、希薄であったといえるのではないか。

1940年7月の「奢侈品等製造販売制限規則」の制定によって、戦時下の不急不要品や奢侈贅沢品の製造・加工・販売を一律禁止した。金工・漆器など地場産業の工芸職人の多くは、同年の「国民徴用令」に基づいて、県下航空機工場などで働くことになる。国家が認定した一部の工芸作家以外は、戦時体制下すべて転業または廃業に追い込まれ、県内の地場産業も国策に沿う以外の選択肢は皆無であったといえる。当時、石川県工芸指導所所長を務めた高橋介洲は、「統制下の工芸」について次のとおり証言している。

　「軍部の依頼で、手榴弾を金属でなく焼物で作ってみないかと言われました。私たちは工芸品を作ることに飢えていたので、少しでも美しいものを作りたい、形も線も美しく、装飾なんかもと、やりどころのないものが出てきたんだと思います。」[9]

同年9月、国際情勢を受けて、対日くず鉄の輸出をアメリカ合衆国が禁止した。良質の鉄材を製造するためには、大量の酸化した鉄が必要であった。国内では、それらを自国で供給するだけの生産能力はなかったのである。同年12月、アメリカは対日鉄鋼、重要金属の輸出も禁止した。自国に乏しい鉄類など原材料資源は、アメリカに7割程度（1940年の輸入割合）輸入依存している状態であった。その結果、1941年8月「金属回収令」が公布され、金属の供出が国内各地で進展していく。同年9月には、学問の牙城とされた東京帝国大学の正門鉄扉も撤去・供出された。同月、第四高等学校の校門鉄扉も献納されている。

　「"窄き門""登竜門"と謳はれた本学正門の鉄扉も去る一日から実施された銅鉄回収の赤紙に呼応して愈取り払はれることとなつた……なほ「菊花の御紋章か旭日か」で問題になつた旭日の附いた冠木門の部分は取り残される」[10]

（8）藤井信幸『地域開発の来歴——太平洋岸ベルト地帯構想の成立——』2004年、日本経済評論社、127～128頁。

（9）若林喜三郎監修『激動の地方史　ドキュメント石川　維新・デモクラシー・大戦』2002年、北陸放送株式会社、204～205頁。

第3章　戦時体制の高等教育機関の設置過程　97

　長期化する日中戦争の影響から、日本軍が南部フランス領インドシナ（仏印）に進駐したこともあり、対日警告のため、アメリカから石油、機械類、鉱物資源などの輸入がストップした。50回に及ぶ日米交渉が重ねられたが、1941年11月、コーデル・ハル国務長官は、日本側から提案された乙案（南部仏印から北部仏印への後退と引きかえに、対日石油輸出の再開する条件）を受け入れず、仏印及び中国からの全面撤退という領土・主権の不可侵、不干渉を強調する「包括的基礎協定案」（いわゆるハル・ノート）を掲示した。その結果、同年12月、アジア・太平洋戦争が開戦する。

　1942年度の軍事費（内地のみ）は145億円で、政府全支出額に占める割合は3割、1943年度分（内地のみ）は214億円で3割、1944年度分（内地のみ）は333億円で3割5分をシェアした。拡大増加する軍事費の主な財源（受け皿）は公債であり、政府は国民に対して貯蓄を奨励して、公債をその貯蓄によって負担しようとした。1943年4月13日付けの『北國毎日新聞』第18075号（夕刊）では、「素晴らしい"貯蓄記録"全県民が赤誠示した過去の実績」とし、「大東亜戦争」1周年を期して全県的に展開された230億円完遂貯蓄総動員特別計画に対して、1942年度の石川県貯蓄額が1億8千万円近くに迫り、「本県の栄誉」「石川県民の光栄」として1941年度に引き続き全国第1位の座を狙うと報道されている。記事の中で、澤野金沢市長が次のような談話を発表している。

　　「戦争完勝のため貯蓄の増強を期せねばならぬとは今さら申すまでもない、われわれは石に齧りついても與へられた目標を達成しさらにこれを凌駕しなければならぬ、金沢市民は過去においては実に見事な成績をあげ忠良の臣の責務の一端を果しているが此燃え上る忠誠心はいよいよ今後においてさらに上昇することを確く信じて疑はない」

　貯蓄増強運動の推進は、戦時体制下における地域社会の結束力、「報国の赤誠」を他地域と比較して政府に示すことに他ならなかった。第四高等学校でも、1941年9月に「国民貯蓄奨励の趣旨に依り戦時財政経済政策に協力し

---

(10)「輝く卅年史に幕　銅鐵回収令に呼応する正門鐵扉」『帝国大学新聞』第869号、7面、1941年9月15日。

組合員一致団結して貯蓄報国の実を挙ぐる」ようにつとめる「第四高等学校国民貯蓄組合」が設立された。「無給の者及外国人」以外の第四高等学校職員から組合は構成され、職員の貯蓄額は月額300円以上0.02、250円以上0.019、200円以上0.018、150円以上0.017、100円以上0.016、100円未満0.015と規定された[11]。

　戦局が悪化する1944年になると、紡績設備のスクラップ化を促進するなどして、くず鉄の回収がより一層徹底される「金属決戦回収実施要領」が策定された。最盛期には80社以上存在した紡績会社が1943年には10大会社に集約化され、製鉄業や化学業などへ転用した。1944年2月には、民需を犠牲にして軍需の生産充足をはかるという「決戦非常措置要項」が発表され、料亭や茶屋などは営業を一斉に中止した。たとえば、金沢の老舗として知られる金城楼は県の産業報国会館に、つば甚は日本夜光塗料の工場に転用される[12]。

　東京帝国大学でも、以下のとおり学内に残っていた功労者らの銅像を、文部省の指示・通達もあって1944年内にはすべて撤去した。第四高等学校も、同年構内に唯一存在した溝淵進馬（1871〜1935年、高知生まれ）元校長の胸像が供出される。

　　「あの学内随一の大銅像、土木総長と謳はれた浜尾新元総長の銅像も去る四日征きました……一昨年以来次々に出陣していつた学内の諸銅像につづいてまさに横綱の場所入りともいふべきもの、流石は学内随一の大銅像の名に背かず○○○貫の青銅を取りはづすには五日間を要したほど……この浜尾総長像の出陣に先だつて学内の吾建築界の恩人、故工学部講師コンドル博士立像（工学部一号館前）吾国機械学のパイオニア、故工学部講師ウエスト博士胸像（工学部列品室裏）「ベルツ丸」で御馴染の故医学部教授ベルツ博士胸像（構内運動場南側）化学の親、故理学部講師ダイヴァース博士胸像（理学部化学科教室前）日露戦争の際既に学生出身で全軍布告の勇士市河紀元二陸軍中尉像（医学部前）等とそれぞれ由緒ある銅像も既に続々と回収されている」[13]

---

(11) 作道好男・江藤武人『北の都に秋たけて——第四高等学校史——』1972年、財界評論新社154〜155頁。

(12) 「戦時秘話（中）　宴会場が軍需工場に」北國新聞社編集局『おとこ川おんな川』2006年、北國新聞社、76〜77頁。

(13) 「銅像の横綱も征く　濱尾総長像など続々」『帝国大学新聞』第980号、2面、1944年4月10日。

1938年より集団勤労作業として開催された学徒勤労動員も、当初は数日間から1ヶ月ほどの農作業・土木作業[14]などが中心であった。戦局の悪化が激しい1944年3月になると、決戦非常措置要綱に基づく学徒動員は、中等学校以上原則として通年動員とされた。県内の先駆けとしては、第四高等学校理科3年生50人が、同年3月17日から15日間七尾報国造船所の造船作業に出動している。東海・北陸・関東地方に及ぶ軍需工場での勤労作業が、学徒動員の中心であった。たとえば、1943年に金沢高等工業学校化学機械科に入学した中木和彦も、次のとおり証言している。

　「4月で2年生になったが戦局は熾烈さを加え、ついに吾々にも工場への勤労動員令が下った。化学機械科は北海曹達（現東亜合成高岡工場）と横浜ゴムの二社に希望によって分けられた。小生は出身校に近い所と北海曹達を選び……工場に初出勤して、小生は藤井氏、山川氏等とアンモニア合成に配属される。はじめ熔接棒のさびとり、コンプレッサーバルブのすり合わせの単調作業に閉口した」[15]

金沢医科大学の学生生徒らも、1944年以降、軍関係の病院施設に主に動員されることになるが、1942年8月の段階では、無医村地域とされた石川県河北郡笠谷村及び鹿島郡北大呑村に、医学徒報国隊（臨時医学専門部3年生14名及び指導教官5名）として医療活動に従事している。戦時動員という制約の中でも、医療活動を介して将来の医師を志す医専生と県内無医村の地域住民らとの間で交流がみられた、戦時下の教育実践であった。

　「慣習から日中雨戸を開放する事もなく、衛生思想の劣悪、経済上の困難等も加はり、生活上の保健衛生状態は一般に悪く、屢々薄暗い奥の部屋に万年床を設け、又幼児はつづら等に入れられた儘、終日陽の目を見る事もなく部屋の内に放置せられて育まれてゐる。……尚我班は両村に駆蟲剤を贈り、定期的に国民学校児童に駆蟲を行ひ駆除された寄生蟲を便中より児童自らに検出報告せし

---

(14) 第四高等学校では、1938年9月以降集団勤労作業が開始された。この作業によって、卯辰山循環道路東端から御所町に通じる「北辰道路」を開拓し、翌年伝灯寺から教育勅語渙発50周年・紀元2600年記念事業の記念植林地まで通じる新道路を開拓した。これにより、牧村に通じる県道と三王道路を貫通する「第二北辰道路」が完成した（「自卯辰山至御所町　道路新設横断面図」石川近代文学館所蔵）。

(15) 金沢大学工学部50年史編集委員会『金沢大学工学部50年史』1970年、301〜302頁。

100

める事によつて医学的認識を深めるべく要求し、又一週に尠くも二回は身体保清状態の検査を奨めた。尚先づ家屋衛生状態の改善が急務であり、又保清栄養育児をより改善すべく共同の風呂、炊事、託児所等の設置が必要である事を述べ、その実行方法につき真剣に協議せしめた。道路は実に文化の動脈であるとの考の下に村人の勤労奉仕により道路改善の必要を説き、更に村の指導者の再教育に関しても会同の県当局者とも意見を交換した。」[16]

第2節　科学技術教育への影響

（1）臨時附属医学専門部の設置

ノモンハン事件（1939年5～9月）では、日本軍（関東軍）がソビエトの機械化部隊に大敗を喫した。日本軍の被害は、死傷者1万8000人、捕虜（生死不明者を含む）1000人に及ぶとされる。大量の被害者らを速やかに処置できるだけの軍医の充足確保と、軍事装備の近代化（機械化・火砲の強化・化学兵器の研究[17]）、そして将兵の捕虜化・投降の否定[18]が必緊の課題であると軍関係者には痛感された。教育学者の細谷俊夫（当時、東京帝国大学講師）は、「ノモンハン事件以後軍機械化が国防上の至上命令となり、また一方生産力拡充が産業上の絶対的な要請となつたことに伴つて、科学教育、技術教育が学校教育、社会教育の両者を通じて一層鼓吹されるやうになつた」[19]と述べている。

軍需工業の発展と工業技術者の需要増加にともない、1939（昭和14）年に

---

(16) 金沢医科大学医学徒報国隊石川班「石川班報告」医学徒報国協会『医学徒報国隊農村班報告昭和17年度』1943年、164～168頁。

(17) 1939年7月22日、磯谷廉介（関東軍参謀長）はノモンハンでの対ソ戦を踏まえて、細菌戦への対策準備を強化充実するように、陸軍次官山脇正隆へ意見書を提出している（「『ノモンハン』事件ヨリ得タル地上部隊ノ統制装備ニ関スル意見提出ノ件通牒」陸軍省『陸満密大日記』1939年第15号所収、防衛研究所図書館所蔵）。
「防疫給水部隊ノ画期的増加ヲ必要トス　……敵ハ此ノ如キ局部作戦ニ於テ細菌弾ヲ使用セシ結果ヨリ観レハ将来ニ於ケル大作戦ニ於テハ多量細菌ノ使用ハ当然之ヲ予期セサルヘカラス」731部隊をはじめ、中国戦線での陸軍細菌部隊長を務めた石井四郎が、「日本ハ兵器製造ニ必要ナル金属其ノ他ノ原料ノ埋蔵量ガ十分デナイ。故ニ日本ハ新兵器ヲ研究セネバナラヌ。」と発言したとされる（『細菌戦用兵器ノ準備及ビ使用ノ廉デ起訴サレタ元日本軍軍人ノ事件ニ関スル公判書類』1950年、外国語図書出版社（モスクワ）、152頁）。

(18) 大本営陸軍部『従軍兵士ノ心得』1939年では、「皇軍軍人タル者ハ絶対ニ俘虜トナツテハイケナイ」と述べている。

(19) 細谷俊夫「教育界の動向」『科学技術年報　昭和17年版』1941年、科学主義工業社、103頁。

は7つの高等工業学校（室蘭・盛岡・多賀・大阪・宇部・新居浜・久留米）が地元地域の寄附行為を受けて新設された。いっぽう、全国的な医科への志願者減少を受けて、金沢医科大学などでは入学定員（80人）を1937年以降満たすことができず、学科試験免除の措置を講ずるほどであった。軍部（陸軍）の意向では、総力戦に対応して「国防並国民体資増強」のため、また「大陸経営」のため、1942年に2万9000人、1944年には5万1000人の軍医養成が必要とされていた。

　1939年2月末、文部省より7帝国大学（東京・京都・東北・九州・北海道・大阪・名古屋）と6医科大学（新潟・岡山・千葉・金沢・長崎・熊本）に対して、中等学校卒業者を対象とする実践的な臨時附属医学専門学校（4年制）を設置するように通達される。金沢医大でも、石坂伸吉学長が困惑しながら文部省よりの一報を受け、医学教育の低下を懸念する声も教授会では挙がったが、「軍部の計画」の遂行という名目上受け容れざるをえなかったといえる。科学技術研究の重点策を検討する企画院の意見では、国内情勢を含めた判断を行っていた。

　　「大陸ニ於ケル将来ノ医師ノ需要（対ソ戦ヲ中心トセル陸軍ノ作戦上ノ要求ヲ主トス）及国内医療ノ充実ヲ考フルトキ、現在ノ如キ医学校卒業生ノ状況ニテハ到底初期ノ需要ヲ充タシ得ズ……一応和戦両方面ノ見地ヨリ見テ需給ノ調節ヲ為シ得ル程度、即チ今ヨリ五、六年ノ中ニ三千名程度ノ増加ヲ図ルニ止メ、其ノ後ノ増加問題ハ事態ノ推移ヲ見タシ……プラントシテハ軍ノ全力作戦ヲ前提トシテ企画セルガ、平時施設トシテハ単ニ其ノ準備トシテ、一部ノ実施ノミニ着手スルノミニシテ、此ノ点ニ於テ生産力拡充問題ノ如ク全面的実施ヲ開始スルモノニ非ズ、今回ノ附属専門部ニヨル医師養成計画モ、軍ノ全力作戦ヲ前提トセルプランノ昭和十七年度ニ於ケル一部分ヲ実施スルノミ」[20]

　厚生省も、「其ノ増加計画ハ軽々ニ是非ヲ論ズルヲ得ズ」としながらも、「三〇〇〇人ノ新規養成ヲ加フルトキハ過剰益々大ナル如キモ之ハ無医村問題ノ対策医療行政官ノ需要等ヨリ見テ、国民医療ニテ消化シ得ルモノト考ヘ約三千人ノ増加養成ニ賛成ス」と、軍の要求に対して最終的に賛同したので

---

(20)『公文類聚』第63編巻11、官職門8官制8文部省1、文書9、1939年。

102

ある[21]。

　文部大臣荒木貞夫が同年3月に法制局及び閣議に提出した理由書には、次のとおり記されている。中国大陸での戦局の拡大にともなって、伝染病予防・治療などがよりいっそう重要となり、それに対処する軍医の養成・動員が不可欠であるとした。

　　「今次事変ノ勃発ニ伴ヒ医師ニシテ陸海軍ニ召集セラルルモノ頗ル多ク、為ニ国民医療ニ従事スル医師ノ不足ヲ来シ、加之今後多数ノ医師ヲ大陸ニ送ルノ要アルヲ以テ、之ガ対策トシテ東京帝国大学……金沢医科大学、長崎医科大学及熊本医科大学ニ臨時附属医学専門部ヲ設置シ、取急ギ医師ノ養成ヲ為スノ必要アルニ依ル」「今次事変ノ勃発ニ伴ヒ医師ニシテ陸海軍ニ召集又ハ徴用セラルル者頗ル多ク、之ガ為国民医療上尠カラザル支障ヲ来スノ憂アリ。而モ事変ノ進展ハ或ハ宣伝工作ニ、或ハ新支那民衆ノ治療ニ、或ハ伝染病予防等、東亜新秩序建設ニ当ラシムル為、今後多数ノ医師ヲ大陸ニ送ルノ要アリ。為ニ国内医師ノ不足ハ一層甚シキヲ加フルモノト思惟ス。加之将来医師ノ総動員計画ノ実施セラルルニ於テハ、之ガ需要ハ益々増大シ、現在国内医学関係ノ大学、専門学校ニ於ケル卒業者約三千名ヲ以テシテハ、到底如上ノ急増スル需要ニ応ジ得ザルハ極メテ明カナルコトナリ。即チ之ガ対策トシテ、医師ノ増加養成計画ヲ樹立スルハ、刻下国防上、国民医療上焦眉ノ急務ナリト信ズ。今回各帝国大学並ニ官立医科大学ニ臨時医学専門部〔4年制〕ヲ設置スルハ実ニ此ノ点ニ鑑ミタルモノナリ。」[22]

　1939年5月、臨時附属医学専門部が設置される（勅令第315号）。しかし、国家財政の逼迫もあって、1940年度の必要経費は計上されなかった。軍部の意向を結果的に追認する方向で、臨時附属医学専門部は設置されるが、大蔵省としては「追加予算・新規予算は承認せず」という姿勢を堅持した。その結果、当該大学の校舎を利用して、当該大学の教職員スタッフが兼務する形で教育を行わざるを得なかった。「大学令」の制定によって、金沢医学専門学校をはじめとする官立医学専門学校はすべて大学昇格し、医学教育の統一がいったんは実現されたが、急遽軍部の意向で大量の軍医を養成するために、

（21）同上書。
（22）同上書。

第3章　戦時体制の高等教育機関の設置過程　　103

医学教育の統一を損なう懸念もありながら、医学専門部（医学専門学校）が7帝国大学と6医科大学に設置された。

　1939年の金沢医科大学臨時附属医学専門部の入学志願者は、定員60人に対して5.4倍の325人であった。とくに、臨時附属医学専門部の設置にみられるとおり、軍部（陸軍）が要請していた戦力増強のための軍陣医学、防空救護、衛生（結核・急性伝染病疾患）研究の進展については、金沢医大では軍部との関係も密であった[23]。石川太刀雄丸（1943年7月、病理学教授就任）らの研究活動〔「太平洋圏ニ於ケル急性伝染性疾患ノ病理学的研究」〕などによくうかがえよう。戦争への科学研究動員については、国策上の意向という側面もありながら、むしろ大学として「積極的な姿勢」をみせていく。大学の通常経費が戦局の悪化にともなって縮小されていく中で、戦力増強につながるとされた課題研究は科学研究費として採択され、総額300万円（1939年の科学研究費額）にも及ぶ臨時研究費を大学は獲得したのである[24]。戦時体制の中で、軍部の意向に大学組織として積極的にかかわっていったことの意味は、大学の役割や使命、大学の自治などを検証する上で、重要な問題を提示していると思われる。

（2）　金沢高等工業学校の拡充

　日本のGNP（国民総生産）は、1940（昭和15）年約92億ドルであるのに対して、アメリカのGNPは、約1000億ドルと推定された。そのGNP差は、10倍以上であった。終戦時点では、GNP差は18倍ともいわれている。戦局の勝敗に少なからぬ影響を与えた航空機の生産力も、戦争中（1941～1945年）には日本が6万8000機に対して、アメリカは29万機と4倍以上の開きがみられた。日本の航空機は、1937年には1500機の僅少であったが、1944年には2万

---

(23)　古畑徹「七三一部隊長・石井四郎の日本文化講義――金沢大学医学部所蔵金沢医科大学資料から――」『北陸史学』第51号、2002年、76～97頁。常石敬一『七三一部隊　生物兵器犯罪の真実』1995年、講談社。石川の他、石坂伸吉「マラリアノ化学療法」、倉知與志「屈折殊ニ近視〔視力増強〕」などの研究が金沢医科大（医科）で計21本、桜井欽夫「化学療法（戦時保健化学）」、森元七「乾電池」などの研究が薬学専門部で計7本、1944年度の科学研究費題目に採択されている。

(24)　古畑徹「科学研究動員と金沢医大」『金沢大学五十年史　通史編』301～303頁。

〈金沢高等工学校の学科拡充〉

1937年8月	臨時別科（6ヶ月）として、工業技術員養成科を設置（文部省令第30号）する。
1938年4月	機械工学科の学生35名増募する。
1939年4月	臨時別科として、機械技術員養成科を設置（文部省令第15号）する。
	化学機械科及び電気工学科の2学科を増設（文部省令第37号）する。
	応用化学科の学生35名増募する。
1940年4月	土木工学科・化学機械科・電気工学科の各学生40名増募する。
1943年3月	工業教員養成所（機械工学科・応用化学科）を附設（文部省令第163号）する。
1944年4月	非常措置により、金沢高等工業学校から、金沢工業専門学校へ改称する。
	第二機械科を増設（文部省令）する。
1945年4月	第二土木工学科及び電気通信科を増設（文部省令）する。
	工業教員養成所応用化学科の学生15名増募する。
	工業教員養成所に、化学機械科及び土木工学科を増設する。

〈戦時体制下の金沢高工の志願者数及び入学者数〉

	志願者数	入学者数	土木	機械	応化	化機	電気	第二機械	倍率
1938年	1187人	163人	42	84	37				7.2
1940年	775人	403人	88	79	78	79	79		1.9
1942年	1051人	384人	78	79	71	76	80		2.7
1944年	3067人	467人	80	119	79	74	75	40	6.6

5000機と増加し、中島飛行機や三菱重工業などの軍需企業が学徒動員の力も借りて生産した[25]数である。

　陸軍省情報部陸軍少佐であった鈴木庫三（東京帝国大学文学部陸軍派遣学生卒）は、戦時下の「国防国家」について次のとおり端的に述べている。鈴木は、

─────────────
(25) たとえば、1944年6月富山県の三菱重工業第11製作所大門工場に学徒動員した金沢工業専門学校生ら（39名）は、朝から夕方まで機種「新司偵」3型、4型の飛行機組み立て作業に従事している（教授鈴木広芳「動員学徒監督日誌」『金沢大学工学部50年史』101頁）。

第3章　戦時体制の高等教育機関の設置過程　　105

「国防国家」の目標のもと、官・民が一体となって軍備だけでなく、国家の
すべての資源・技術・人員を一元的に集約していく必要性を強調したのであ
る。

　　「国民は力めて国策を認識して、各自の持つ力を積極的に国策の線に副はせる
　ことが必要であり、為政者は公明正大に国策の響ふ所を国民に指示して、国民
　の全体的協力を要望する必要があるわけである。そして官民一体となつて、合
　理的な組織と一元的な統制と運営とによつて、国家の総力を最大限度に発揮出
　来る様な体制を確立し……国防国家とは決して単に軍備だけが充実された国家
　といふやうなものではない。国家の総ゆる力、総ゆるものを国防を中心とし、
　国防を基として一元的に運営して行くものである。」[26]

1937年の日中戦争の勃発以降、企画院の「生産力拡充計画」に対応して、
工業技術者の養成が問題とされた。同年8月、文部省は「臨時工業技術員養
成施設要項」を作成した。

（1）工業学校第二部の設置、（2）官立工業専門学校16校への修業年限6
ヶ月の工業技術員養成科の設置、（3）工業学校実習指導員の養成、などか
らなる計画内容であった。

工業技術員養成科は、同月文部省令第30号によって、金沢高等工業学校を
はじめ、官立高等工業学校16校に設置された。また、予想される技術者数を
既設校と新設校との間で、いかに分担補填するのかという問題も生じた。
「戦時下国家ノ人的資源」の確保、「生産力拡充ニ要スル技術員養成」の整備
という目的[27]から、金沢高等工業学校をはじめ、戦局の拡大につれて理工
系の専門教育機関の拡充が進行していく。

たとえば、1939年4月に金沢高等工業学校に設置された化学機械科は、
「全国高工中唯一のもの」[28]とされ、数年前から文部省に対して執拗に設置

────────────────

(26) 鈴木庫三『世界再建と国防国家』1940年11月、朝日新聞社、4～6頁。
(27) 金沢高等工業学校『自昭和十七年至昭和十九年　年報書類綴』（金沢大学資料館所蔵）の中で
　　も、「生産力拡充ニ要スル技術員養成」や「戦時下国家ノ人的資源ニ対スル最高度活目ノ要望
　　ニ応スル」などの記述がみられる。
(28) 金沢高等工業学校では、「最近の化学工業の発達は機械工学科卒業生を要求し、前年就職者の
　　実に1千倍の需要があった事に鑑みても化学部門の機械、すなわち化学機械専攻者の必要が
　　感ぜられる」として、時代の要求に基づく学科と強調された（『金沢大学工学部50年史』84

申請を働きかけたものであった。化学製品を実際に製造し、その製造工程に含まれる単位操作を実験してみて、生産技術者を希望する生徒らにその作業や製品構造を理解させる教育方針であった。当時在学した原久夫（1942年9月機械工学科卒）も、次のとおり「国家の要請するところにしたがって学習するという体制のなかにおかれることとなった。」と、率直に学生生活を述べている。

> 「当時の日本にとってわたしたちの必要度は特に高く、文部省としても高等工業学校の拡充強化策に大わらわであった。……金沢高工にもそれまでの土木、機械、応用化学の3学科にくわえて、電気工学と化学機械の2学科が増設されるにいたっていた。そして、それまでの1学科40人の学生定員が80人に倍増され、わたしたちは国家の要請するところにしたがって学習するという体制のなかにおかれることとなった。」[29]

さらに、原の証言によれば、「もう兵役延期の必要もなく新学年早々に全員が徴兵検査をうけた。そしてその80％が現役入隊することになり、誰は砲兵、誰は航空整備兵などとそれぞれの兵もきめられた。学生はすでに陸海軍の予備軍である。」として、戦局がきびしくなって、卒業設計の製図さえ生徒らにとってままならない状況でありながらも、「それでも学業を怠けようとするものは誰一人としてなかった。いや、これが最後の学生々活だと思うと、いっそう学校での一瞬一瞬を大切にするかのように講義を聞き、また歴史書や文学書に読みふけって時をすごした。」という[30]。

戦時下の高等工業学校の増設・拡充は、需要に供給が追いつかないとみなされた技術者の応急的な養成計画から始まったが、その設置数や設置場所などについて明確な指示がなかったため、それが各地域や学校の誘致活動を過熱させたといえる。1939年には、室蘭・盛岡・多賀・大阪・宇部・新居浜・久留米に、官立の高等工業学校がそれぞれ設置された[31]。

頁）。

(29) 原久夫「紀元2600年の入学生」：同上書、284頁。

(30) 同上書、286頁。

(31) 生産力拡充計画と工業専門学校の拡充との詳細な関係については、関連研究の中でも十分に明らかにされていない。「生産力拡充計画そのものに付随して確定的な内容の工業専門学校拡充計画が作られたわけではなく、また生産力拡充計画から絶対的な目標値が与えられたわけ

第3章　戦時体制の高等教育機関の設置過程　　107

　1933年9月、体系的な科学技術政策を構想する試みとして、国家資源局は産・学の連携をはかるべく、40項目にわたる「国家重要研究事項」（内閣告示第4号）を選定した。総動員体制下の基本的な研究モデル（原型）とされる[32]。

　一　特殊鋼ニ関スル研究
　二　特殊合金ニ関スル研究
　三　溶接法ニ関スル研究
　四　精密工作法及精密工作機械ノ研究
　五　「ヂーゼル」機関及其ノ燃料ニ関スル研究
　六　航空発動機ニ関スル研究
　七　航空機ノ安全装置ニ関スル研究
　八　精密計測器ニ関スル研究
　九　船舶ノ抵抗及推進器ノ効力ニ関スル水槽試験ニ依ル系統的研究
　一〇　電波及無線通信ニ関スル研究
　一一　光波通信及光電効果ノ応用ニ関スル研究
　一二　送電及配電ノ安固及能率増進ニ関スル研究
　一三　電気絶縁材料ニ関スル研究
　一四　炭素冊子及炭素電極ノ製造ニ関スル研究
　一五　電熱材料（特ニ非金属性練物）ノ製造ニ関スル研究
　一六　電気浸透ニ関スル研究
　一七　光源ニ関スル研究
　一八　「アンモニア」酸化ニ依ル濃硝酸ノ製造方法ノ研究
　一九　活性炭ノ製造ニ関スル研究
　二〇　特殊塗料ノ製造ニ関スル研究
　二一　潤滑油ニ関スル研究
　二二　石油代用燃料ニ関スル研究
　二三　天然「ガス」ノ利用及炭化水素ノ合成ニ関スル研究
　二四　製革法及皮革代用品ニ関スル研究
　二五　「ゴム」ニ関スル研究
　二六　高感度乾板及「フィルム」ニ関スル研究

　でもなく、工業専門学校拡充計画はそれ自体としてもさまざまな要素を考慮して策定された」という米田俊彦の分析が、先行研究の中では手がかりとなる（米田俊彦『教育審議会の研究　高等教育改革』（野間教育研究所紀要第43集）2000年、427～435頁）。
　なお、沢井実「戦争と技術発展　総力戦を支えた技術」山室建徳編『大日本帝国の崩壊　日本の時代25』（2004年、吉川弘文館、225～258頁）によって、資源局、科学審議会、科学振興調査会、教育審議会などの「戦時下の科学技術政策」の詳細がうかがえる。

二七　光学硝子ノ製造ニ関スル研究
二八　「マグネシウム」及「アルミニウム」ノ製造及利用ニ関スル研究
二九　砂鉄ノ利用ニ関スル研究
三〇　貧鉄鉱ノ処理ニ関スル研究
三一　「ニッケル」ノ製錬ニ関スル研究
三二　水銀ノ製錬ニ関スル研究
三三　小麦ノ改良増殖ニ関スル研究
三四　米穀其ノ他ノ食糧品ノ貯蔵、利用、加工及配合ニ関スル研究
三五　繊維原料農産物ノ生産増加ニ関スル研究
三六　油脂原料農産物ノ生産増加ニ関スル研究
三七　生糸及副蚕糸ノ利用方法ニ関スル研究
三八　緬羊ノ生産増加ニ関スル研究
三九　木材ノ防腐法、防火法及変質処理法ノ研究
四〇　水産物増殖ニ関スル研究

　1940年12月には、企画院の外郭団体として財団法人科学動員協会が設立された。科学動員協会は、「科学技術に関する官民間の連絡協調」「科学技術動員の実施促進」という目的のもと、翌41年10月には、研究項目別の研究者調査カードを全国的に配布するなどした。たとえば、1936年度の文部省自然科学研究補助金を交付された栭場重男の「収着冷凍機の熱学的研究」は、『金沢高等工業学校学術報告』第1集第1号（1940年）として、その成果が社会的に報告されている。また、1943年の文部省科学研究奨励金交付者の内、金沢高等工業学校の受給者は、次のとおり地元新聞に掲載されている[33]。京藤・成松・安富らいずれの研究課題も、時局下の科学研究（科学動員）に適応したものであったといえよう。

京藤睦重（教授）	「対地不併行三相配電線路用接址継電器装置」1000円
成松彌久（教授）	「デーゼル・エンヂン燃料として魚油および軽油を使用する場合その混合比の決定」500円
安富哲夫（教授）	「北陸産亜炭〔石油代用燃料〕とその利用に関する研究」500円

(32)　日本科学史学会編『日本科学技術史大系　通史4』1966年、第一法規、50～51頁。
(33)　「その篤学を鼓舞　科学研究奨励金の交付者」『北國毎日新聞』第18208号、1943年8月24日、

第3章　戦時体制の高等教育機関の設置過程　　109

　1941年4月、企画院次長で東京帝国大学教授も兼務していた技術行政官の宮本武之輔（1892〜1941年；東京帝国大学工科大学卒）は、高度国防国家の建設に立脚して、科学技術の振興と専門教育を強調する「国防理工科大学論」[34]を発表する。欧米に比較して、「劣勢」と認められる専門工学を重視し、「大学と工場との連絡を緊密にし、多数の実際家を教授に聘し理論設計及実施技術を緊密に綜合す」ると、産・学のさらなる連携をもとめた。宮本が想定した専門工学の理工科大学は、敷地・建物・設置費用といった物的面も含めて、全面的に「寄附」によるものとされた。

　1942年9月、科学動員協会の北陸支部総会で、金岡又衛門支部長（富山商工会議所会頭）も、実業専門学校の金沢高等工業学校を官立工業大学に昇格させて、「北陸の技術水準の向上を計るべきである」と主張した[35]。同月、橋田文相及び科学動員協会長へ建白書を上申した[36]。翌43年2月、金沢商工会議所役員会で「北陸工業大学」誘致を提唱し可決する。国防生産力の増強をはかるためにも、高度な専門教育に加えて基礎科学の研究機関が必要であると地元の金沢商工会議所は主張した。たとえば、東京工業大学でも、資源化学研究所（1939年）、精密機械研究所（1939年）、窯業研究所（1943年）といった専門研究機関が設置されている。北陸地域のさらなる工業発展を意識し、有望な中堅技術者群を輩出し続けている金沢高等工業学校を母体として、時局に立脚する形で工業大学への昇格を地元実業界は熱望したのであった。

　1943年8月、金岡支部長、澤野金沢市長、石黒県商工経済会会頭の連名で、東條首相、文相、企画院総裁に宛てて建白書[37]を提出した。

───────────────────────

　　3面。
(34)　宮本武之輔「国防理工科大学論」『科学の動員』1941年、改造社、258〜275頁。
(35)　「金沢高工昇格運動　科学動員協会へ金岡北陸支部長奔走」『北國毎日新聞』第17875号、1942年9月22日、2面。
(36)　「金沢高工昇格　建白書を提出」『北國毎日新聞』第17879号、1942年9月27日、2面。
(37)　「金沢工業大学実現に曙光　きのふ高工昇格の建白書提出」『北國毎日新聞』第18196号、1943年8月12日、2面。

> 一、官立金沢高等工業学校は大正五年の創立にかかり爾来幾多の施設に備わり、現在千二百人の学生を収容、毎年四百人の卒業生を輩出する優秀な学府なり
> 一、今幸に金沢市に帝国金沢医科大学の設置あり、因つて金沢高等工業学校に学科を増設かつ高級学術研究所の設置、金沢工業大学に拡充、昇格せられるは現下時局において喫緊の要請たり

　上記の建白書をみると、時局下をつよく意識しながらも、北陸地域の金沢は「優秀な学府なり」と主張している。高等工業学校や医科大学などが設置された「学府」として、その歴史的な実績や文化的な風土こそが、時局下においても重要な鍵になるという論理であろう。

　東京帝国大学の教授（数学）であった彌永昌吉も、「戦争が長くなつて来れば、科学のみならず、一国のあらゆる文化力がもつと直接に総動員されねばならなくなると思ひます。……またこの戦争のために、さう目先のこと許りを考へてゐてよいのでせうか。さつきも一寸申しましたが、文化戦といふことも考へねばなりますまい。無論、戦局の決定は武力戦に俟つのですが、文化力はその武力の裏づけをするばかりでなく、長期建設戦ともなれば、文化が直接物をいふことが益々多くなりませう。」[38]と述べている。ここで彌永がいう「文化力」とは、「素朴過ぎる精神主義やはきちがひの日本科学優越論」[39]とは次元が異なり、「『抽象性』を一歩進めて、『言葉』や『思惟』を生産する」[40]ような創造的なものと捉えられていたようである。彌永は、「抽象する数学」という考え方を重視し、「旧来のいはゆる応用数学より以上に、具体的な、新しい問題を直接捉へて数学の問題として扱ふ道が拓けて来た」という自身の見通しを示し、「我国の高度文化の一翼を担ふものとしての数学を進展させることは、この時代であればこそ、いよいよ大切なことだ」と強調している[41]。

---

(38) 彌永昌吉「数学は戦争と関係があるか」朝日新聞社『科学朝日』1944年3月号、32頁。
(39) （慶）「赤外線」：同上書、84頁。
(40) （淳）「赤外線」：同上書、84頁。
(41) 彌永：前掲書、31～32頁。

第3節　金沢高等師範学校の設置過程

　高等師範学校は、1886（明治19）年の「師範学校令」に基づいて設立された、官立4年制の中等教員養成機関である。当初は、各県単位で設けられた尋常師範学校の教員養成にあたった。1897年の「師範教育令」によって、高等師範学校は中等教育の拡大にともなう形で、尋常中学校や高等女学校の教員養成も担うことになる。高等師範学校は、中学校または師範学校の卒業を入学資格とした。しかし、時々の中等教員の需給状況に基づいて、教員養成計画上では高等師範学校に比べ短期間での養成可能な「臨時教員養成所」の設置と廃止を試みた。臨時教員養成所は、教員需給の調整弁としての機能を果たしたといえる。

　金沢では第四高等学校内に、第十臨時教員養成所（1923年4月～1931年3月）が設置され、物理化学科と1928年からは国語漢文科が置かれた。その間、物理・化学90名と国語漢文30名ほどの教員養成を行った。樫本竹治（化学）などの四高教員が、第十臨時教員養成所に兼務した。

　1940年4月、軍需の影響で技術労働者としての就職雇用が人気となり、いっぽうで中等教員の不足がみられたこともあり、東京（博物・物化）、広島（数学・物化）、浜松（数学）の臨時教員養成所を新設した。以降、15ヶ所の臨時教員養成所を全国に設置した。高等師範学校も、東京高等師範学校（1886年）、広島高等師範学校（1902年）、東京女子高等師範学校（1890年）、奈良女子高等師範学校（1908年）の他に、金沢高等師範学校（1944年）、岡崎高等師範学校（1945年）、広島女子高等師範学校（1945年）と増設する。細谷俊夫（東京帝国大学）は、『科学技術年報』（1941年）の中で、次のとおり当時の教育動向を証言している。

　　「中等教員不足の傾向が現れたが、そのうちでも特に数学理科系統の教員の払底が顕著となつてゐる。これは理科系中等教員の養成機関が文科系のそれに比較して甚しく少い上に、高等師範以外の理科系大学専門学校卒業者が教育界を希望しないこと、奉職中の教員が頻繁に時局産業方面に転出することなどに基づくのである……臨時教員養成所を増設し、中等学校理科教員の充実を図るこ

112

とになつた。これらの養成所は修業年限三年で、明後年からはこの方面から中等教員の補給が行はれることになるが、これのみを以てしては未だその需要を充足することは不可能と見なければならない。……科学教育振興が教育界の至上命令となつてゐる今日、これに対応する恒久的方策の講ぜられることを希求せざるを得ない。」(42)

　また、1944年2月4日の第84回帝国議会貴族院において、田中穂積議員から「今回ノ高等師範学校ノ創設ハ中等教員ニ大学卒業者ヲ以テ充テルガ適当ナリトノ教育審議会ノ答申ノ趣旨ヲ棄テ恒久的ニ四年制高等師範学校卒業者ニ中等教員ノ資格ヲ與ヘテ行ク意味ナリヤ」という質問があり、文部省の藤野総務局長は「中等教員ニ大学卒業者ヲ以テ充テル必要ハ認ムルモ現在ノ理科系教員ノ不足上〔高等師範学校ヲ〕設置スルノデアル、暫定的カ恒久的カハ明言シ難シ」と回答している。たしかに、教育審議会の答申（「高等教育ニ関スル件答申　中等学校教員、高等学校教員及師範学校教員ノ養成及検定ニ関スル要綱」1940年9月）では、中等学校の教員は「大学卒業程度ノ者」をもって充てるとした(43)が、総動員体制の強化徹底が進行する中では「大学卒業者」の確保自体が難しく、理科系中等教員不足への対応策として高等師範学校の設置

---

(42)「教育界の動向」科学主義工業社『科学技術年報』1941年、123頁。

(43) 教育審議会の答申（「高等教育ニ関スル件答申　中等学校教員、高等学校教員及師範学校教員ノ養成及検定ニ関スル要綱」1940年9月）では、次のとおり明記された。
　「一　中等学校、高等学校及師範学校ノ教員ハ大学卒業者ヲ以テ之ニ充ツルヲ本則トナスコト　二　中等学校教員ニ関シテハ当分ノ間修業年限四年以上ノ専門学校卒業者ヲ以テ之ニ充ツルヲ得シムルコト　修業年限三年ノ専門学校ヲ卒業シテ教員タラントスル者ニ対シテハ更ニ一年間適当ナル施設ニ於テ必要ナル教育ヲ受ケシムルコト　……五　女子大学ヲ創設シ其ノ卒業者ヲ以テ中等学校、女子高等学校及女子師範学校ノ教員タラシムルノ途ヲ開クコト　六　高等師範学校及女子高等師範学校ヲ専門学校トシ之ヲ存置スルコト……」
　これについて、教育審議会の田所美治特別委員長は、次のとおり説明を行っている（清水康幸・前田一男・水野真知子・米田俊彦『資料　教育審議会（総説）』（『野間教育研究所紀要』第34集）1991年、259～267頁）。
　「中等学校教員ニ関シテハ之ガ需給ノ実際ニ照ラシ、未ダ俄ニ大学卒業者ノミヲ以テ供給シ難キ実情アルニ顧ミ、第二項ノ如ク当分ノ間、修業年限四年以上ノ専門学校卒業者ニシテ教員タル資格ヲ有スル者ヲ以テ之ニ充ツルヲ得シムルコト、ナツタノデアリマス。……高等師範学校及女子高等師範学校ハ、明治以来多年中等教員ノ養成ニ任ジテ来タノデアリマシテ、我ガ国教育界ニ於ケル其ノ功績ハ洵ニ没スベカラザルモノガアルノデアリマス。然シナガラ今ヤ時代ノ著シキ進運ニ伴ヒ、中等学校教員ハ大学卒業程度ノ者ヲ以テ之ニ充ツルコトヽシ、而モ特別ノ教育ニ依ラザルコトヲ以テ建前ト致シマシタ関係上、現在ノ高等師範学校及女子高等師範学校ノ将来ニ関シテハ慎重考慮ヲ要スルモノガアルノデアリマス。……」

が行われた。

　大正後期から昭和初期にかけて、仙台（1927年建議）や熊本（1927年建議）、福井（1927年建議）など各都市から、優秀な中等教員を養成する高等師範学校誘致の建議が、帝国議会に提出され、そのすべての案件が国会で採択可決されている。金沢の誘致活動の開始については、松井啓市会議員（薬種業、立憲青年党）が、1924年の予算市会で、「綜合大学を設置するとか或は各般の教育機関を持つて来」るような「教育都市」を、金沢はぜひ目指すべきであると主張した。

　　「昨年教育都市タラシムルタメニ市内ノ学校長ヲ金谷館ニ集合セシメラレテ意
　　見ヲ徴セラレタ当時本員モ出席シタガ其意見ニ基イテ過般高等師範学校設置ノ
　　建議モ出来タヤウニ存ジマス」[44]

　松井らは、金沢を「教育都市」とすることを「市是」にして、市内の教育をさらに隆盛にするためには「綜合大学」または「高等師範学校」の設置が必要であるとした[45]。

　1925年2月の第1回金沢市会において、田口秀弘議員（動物園主、憲政会）が次のような提議を行い、高等師範学校誘致の建議が出席議員28名によって可決されている。

　　「金沢市ヲ教育都市ニ致シ度イ事ハ当市会ニ於テ縷々議論サレタ所デアリマ
　　ス、又教育会金沢市会ニ於テモ之ニ対シ相当審議サレテオル次第デアリマス
　　……続イテ綜合大学ガ出来ルヤウ努力スベキデアルガ、先ヅ我々ノ希望ノ一端
　　ヲ達センガ為メ建議案ヲ提出スル次第デアリマス……教員ハ其数ニオイテモ素
　　養ノ程度ニオイテモ多数人ヲ養成シナケレバナラヌ次第デアリマス、之等中等
　　教員ヲ養成シナケレバナラナイノデ政府ニ於テ高等師範学校ノ増設ヲスルト云
　　フ詮議ガアルヤウニ聴イテオリマス、現在ノ高等師範学校ハ東京、広島、奈良
　　トデアリマシテ地勢ノ関係ヨリ考マスト東北地方カ北陸地方ニ設置セレルガ当
　　然デアラウト思フ聞ク所ニ依レバ北海道地方選出議員〔一柳仲次郎〕ヨリハ已

───────────────

(44) 第3回第3日金沢市会（1926年2月22日）『自大正十四年十二月至同十五年十二月　市会会議
　　録』内記課（金沢市議会事務局所蔵）。
(45) 山本吉次「石川県立憲青年党と都市社会政策」橋本哲哉編『近代日本の地方都市　金沢　城
　　下町から近代都市へ』2006年、日本経済評論社、295〜296頁。

ニ衆議院へ建議案ガ提出サレテオル〔1925年 2 月23日可決〕ト云フコトデアル、尚北陸地方ニ於テハ未ダソウイフ事ヲ聴カナカツタノデアリマス」[(46)]

　同年 2 月28日、金沢市会議長の坂野権次郎（酒造業、憲政会）より、内務大臣若槻礼次郎宛てて、以下のような上申が提出された。

　　「我金沢市ハ戸数 3 万余人口実ニ14万ヲ算シ昔時加越能三州ヲ領有セシ封建時代ヨリ政令ノ発源地トシテ聞エ明治初年同一行政区画タリシ因縁ヨリスルモ恒ニ金沢市ハ北陸地方ニ於ケル中心タルノ品位実力ヲ具備シ歴史的ニモ地理的ニモ更ニ高等師範学校増設ノ配置上ヨリスルモ最モ好適ノ地位タリ加之他都市ニ比シ人情、清純、敦厚ニシテ市街ハ樹木繁生、水利亦至便ナル勝地ナルヲ以テ学校設置地トシテハ気風衛生共ニ他都市ニ優秀シ加フルニ美術工芸ノ如キハ他ノ追随ヲ許サザルモノアリ殊ニ金沢市ニハ現ニ医科大学、第四高等学校、高等工業学校、第十臨時教員養成所ヲ始メ県立 3 箇中学校、師範学校、女子師範学校、県立商業学校、県立工業学校、県立 2 箇高等女学校、市立女子職業学校、私立金城女学校、私立北陸女学校、私立金沢女子学院其ノ他数箇ノ私立学校ノ設置アリテ教育都市タルノ実質ヲ備ヘツツアリ、今ヤ高等師範学校増設ノ急ニ迫リ之ガ設置ノ議アルニ当リ其地ヲ金沢市ニ選定セラルルハ叙上ノ理由ニヨリ最適地ナリト信ズルノミナラズ之ニヨリテ本市ガ愈々教育都市タルノ面目ヲ加重シ延テハ地方ノ進歩発達ヲ期スル上ニ於テモ緊急事ナリト認メ茲ニ市会満場一致本市ニ設置セラレンコトヲ願望シ意見ヲ上申スベク決議セリ」[(47)]

　人口10万人以上を有する金沢は、加越能三州の時代から文化の「発源地」として栄え、明治以降も北陸地域の中心地として「品位実力」をもち、官立高等教育機関である高等師範学校を誘致する地としてみても、地勢上・文化上からも「他ノ追随ヲ許サザル」教育都市（学都）として最適であると結論づける。しかしながら、金沢の建議もまた他都市の建議同様に、誘致の趣旨は基本的に理解されながらも、この時点では実際の予算措置は見送られる。この事態が具体的に進展していくのは、戦時下のことであった。

　1942（昭和17）年 6 月、金沢二中で日本中等教育理化学協会大会が開かれ、全国から理化学協会350会員らが金沢の地に参集した。文部省督学官を

---

(46)　第 1 回第 8 日金沢市会（1925年 2 月28日）『大正十四年　市会会議録』。
(47)　金沢市議会『金沢市議会史　資料編Ⅱ』1997年、96頁所収。

務めていた倉林源四郎（東京高等師範学校卒）の「中等学校理数科理科物象につきて」の講演などが催され、科学教育のさらなる振興が金沢大会で決議される。文部省の倉林源四郎と樫本竹治（第四高等学校教授）は、東京高等師範学校以来の師弟関係の間柄であった。

　樫本は化学界の重鎮（日本学術協会会員）で、これからの日本は「科学」をもって立国しなければならないとする、研究意欲旺盛な教育者であった。1920年に東北帝国大学理学部を卒業して、第四高等学校の化学教授に就任した。『理論応用無機化学』（1930年）や『要説化学通論』（1949年）などの教授テキストを刊行し、四半世紀にわたり北陸地域の化学教育を牽引した。樫本が、当時取り組んでいた「能登半島産　珪藻土に関する研究」（科研費題目）は、戦時下における重工業の飛躍的発展とともに珪藻土利用も拡大し、その応用範囲も非常に大きいと期待される研究であった。植物性プランクトンであった珪藻が、何百万年・何千万年という期間を経て、海底や湖底に死滅堆積した天然資源が珪藻土である。耐火性や断熱性に優れた利点があり、建材や保温材として、電気を通さない絶縁体として、相応の硬さを有する研磨剤としてなど、多岐にわたる利用用途があった。戦時下には、菓子類の増量剤として使用されることもあったという。一般の珪藻土は、珪酸含有量が多くアルミナの割合が少量であるのに対し、地元産出の輪島珪藻土は輪島塗に使用されてきたが、アルミナ含有量が全国的にみて高い点に特徴があった。アルミナと呼ばれるのは、酸化アルミニウムのことである。電気分解によってアルミニウムの材料となり、セラミック材料の１つである。高強度、高靱性、耐熱衝撃性の利点をもつ点で注目された。この他、「えびすぐさ」の種子油精製についての研究も知られる。

　文部省督学官の倉林の情報から、科学振興と中等教員養成の促進が急務とされた当時の文部政策動向をいち早く樫本は察知して、澤野金沢市長と田中石川県知事ら地元行政当局に対して、高等師範学校誘致の見込みを伝えた[48]。田中知事（元文部省社会教育局長）や澤野市長は、上京して文部省に執拗に誘致の働きかけを行い、誘致活動を展開していた候補地の仙台や熊本を

---

(48) 樫本竹治「回顧断片」（1962年）『私の歩んできた道』45〜46頁。

116

抑えて、中村町国民学校の土地・建物を無償で国に提供することによって、高等師範学校の金沢誘致決定を獲得した。田中知事と澤野市長は、それぞれ誘致獲得の喜びを次のように表している[49]。

　田中県知事談「高等師範学校の新設地として仙台、金沢、熊本の三市が有力候補となつていたが今回金沢市に決定をみたことは実に結構なことである、これについては澤野市長が文部省の要望を入れ、こころよく一国民学校を提供されたことが金沢市への誘致決定を早めたもので、従来学都としての性格を持つていた金沢市に高等師範一校を加へたことによつて更にその性格が強くなり石川県の日本教育上に裨益するところまた大きいと思ふ」
　澤野市長談「この高等師範建設は真に文部当局が金沢市をして裏日本の学問の中心地とするといふ前提のもとに出発してをるので学都としての前進が約束され将来北陸総合大学建設の可能性がいちじるしく現実性を帯びたわけであり市では文部当局の要請通り校舎を提供して進めることになつた」

　田中・澤野の両当局者の発言から、「学都」としての金沢の位置づけが高等師範学校の誘致獲得によって、なおいっそう不動のものとなったことが強調されている。

　地元の『北國毎日新聞』第18318号（1943年12月12日、日刊2面）には、高等師範学校の金沢設置について、「富山を工業都市たらしめ金沢を学都たらしめよ」という論点から、金沢を「東京、広島の両校とともに日本教育施設の鼎足的基地たらしめんとする」主張を展開している。時局の要請に応じて、北陸地方をみて富山は電力源に基づく工業都市を目指し、金沢は地域環境や文化的伝統に基づく「学都」としての位置づけを確立し、「時局産業工場の設置が続々と行はれてはゐるが、なほ学都としての良環境は決して失はれてゐない」と強調する。

　戦局が進展していく状況下で、国土の総合的保存、利用開発といった国土計画・国土構想が国防上防空上からも必要視され[50]、企画院が1943年10月

───────────────

(49)　「高師は中村校を使用　三年越の要望見事結実」『北國毎日新聞』第18317号、1943年12月11日、夕刊2面。

(50)　たとえば、鈴木庫三（陸軍省情報部）は「国家は産業、交通、文化等諸般の施設及び人口の配分を国土と充分関連させて総合的に、これを利用開発する計画を樹立しなければならない。」（『世界再建と国防国家』314〜315頁）として、「文化機関の配置も国民全体の教育向上

に作成して各関係省庁が参考とした「中央計画素案」の中でも、文化の普及及び人口の過剰集中の抑制といった目的から、「学校其の他の文化施設の過大都市集中を矯正して地方文化を向上開発」する学校建設地区を全国各地に設け、「学校建設地区中特に環境良好なるものを選びて学都とし高等諸学校数校を配置して其の地方の教育及文化の中心地たらしむ」として、札幌、仙台、鹿児島、佐賀など計21の学都（内地）を選定した。北陸地域では、新潟や長岡とともに金沢が「学都」として、中央の計画上では指定されていたのである[51]。

　東京・広島に男子の高等師範学校、東京・奈良に女子高等師範学校が置かれていた。戦時下に入り、中等教員の不足に応えるために、1944年に金沢高等師範学校、1945年に岡崎高等師範学校、広島女子高等師範学校が設置された。戦後の学制改革時には、男女合わせて高等師範学校は7校あった。これらの高等師範学校の全国配置を考えてみると、明らかに地域的な不均衡がある。金沢や岡崎に高等師範学校を設置したのは、理数科の中等教員養成の目的からとされるが、金沢などに理数系教育を重視する歴史的な教育風土はあるが、全国的にみて金沢や岡崎に、高等師範学校を設置しなければならないとする政策上の必然的な理由はみられないように感じられる。高等師範学校をはじめ、高等工業学校や医学専門学校などにも通じるが、戦時下に高等教育機関は多数増設されるが、その設置地域や学校の種別種類などに、どれくらい政策的な配慮が働いたのかどうか、いまだ残された不明な点も多い。逆にいえば、官立の高等教育機関の設置にあたっては、当初から壮大なグランド・デザイン（国土計画）なるものは、政策主体の中に存在しても構想程度の希薄なものでしかなかったのであろうか。各地域社会の教育事情や学校誘致の活動などが、政策上の設置力学において重要であったのであろう。

　金沢高等師範学校の初代校長については、文部省の倉林源四郎が就任することになり、教員スタッフの人選にあたっても、戦局下という求人難にかか

　の見地から配置されなければならない。単に不健全なる、非衛生的なる大都市にのみ、大学や専門学校を集中して、全国的に見て適当なる配置を欠くならば、結局、総体としての文化向上に不都合な結果となる。即ち国土計画に於ては、交通や文化機関の配置まで考慮せねばならない。」（『国防国家と青年の進路』1941年、大日本雄弁会講談社、97頁）と述べている。

(51) 西水孜郎編『資料・国土計画』1975年、大明堂、97〜219頁所収。

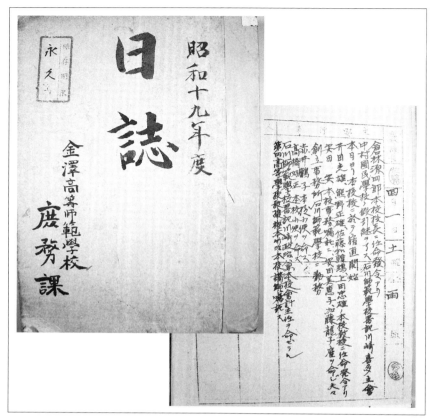

金沢高等師範学校庶務課『日誌　昭和十九年度』（金沢大学資料館所蔵）

わらず、その豊富な人脈や情報を有効に活用したといわれる。恩師の倉林が校長に就任したこともあり、樫本竹治も四高から金沢高師へ異動した。教授陣容については、樫本ら東北帝国大学出身者３名をはじめ、広島文理科大学出身者３名など、優秀な人材の混成スタッフで臨みたいという倉林構想に基づくものであった。新設の金沢高等師範学校にとっては、倉林―樫本ラインなくして、教員スタッフを実際に確保することは容易ではなかったであろう。

〈1944年度の金沢高等師範学校の教員スタッフ〉

学校長／倉林源四郎（埼玉）		
教授／ 化学：樫本竹治 （岡山・教務課長） 英語：宮村一之（石川） 物理：井田光雄（京都） 教育・修身：上田忠雄 （石川・生徒課長兼生徒主事） 植物：佐藤和韓鵄 （岐阜・庶務課長） 数学：山田藤次郎 （富山・図書課長） 動物：熊野正雄（石川） 数学：大鹽茂（鳥取）	助教授／ 修練（農業）：大谷景 久（富山） 体操：足立武久 （島根） 体操：大石三四郎 （千葉・応召中）	講師／ 独語：森晋六（東京） 教練：鎌田明作 （石川） 教練：河内山卯三郎 （石川） 国語：川口久雄 （石川） 歴史：向居淳郎 （愛知） 心理：松本金壽 （栃木）

（『金沢高等師範学校一覧』内外印刷株式会社、1944年、106〜107頁より）

　1944年2月、金沢高等師範学校の創立事務所が、石川師範学校男子部（金沢市弥生町）内に設置された。同年3月には、生徒募集が官報告示された。同年4月、入学試験が実施された。筆記試験；第一部（数学）・第二部（物象）：国語、国史、数学、物象、第三部（生物）：国語、国史、数学、生物。試験場；第一部・第三部：第四高等学校、第二部：石川師範学校。第一部の受験を志願した羽場究（三重県出身）は、試験前日、『蛍雪時代』（旺文社）に掲載された旅館に、外食券も持参しないで飛び込み宿泊した。学校も筆記試験の結果を受験者に通知しないうえ、緊急性のないとされた電報は当時禁止されていたため、宿泊先の旅館に依頼して、合否の有無を示す文言を事前に打ち合わせしたとされる（『金沢大学五十年史』編纂過程の羽場談）。受験合格者は、地元の『北國毎日新聞』にも掲載された。

理科第一部	計30人（6.2倍）中、石川出身3人
理科第二部	計30人（6.7倍）中、石川出身4人
理科第三部	計30人（7.8倍）中、石川出身3人

国史問題（一部）	日英同盟締結の事情を述べ、且つこれが廃棄に至るまでの経緯を明らかにせよ
物象問題（一部）	切口の面積が10cm平方、深さが50cmの円筒容器に水が一杯みたしてある。これに切口の面積が4cm平方、重量が80gの長い丸棒を上から鉛直の方向に静かにさし込んで棒の下の端を30cmの深さに保つには何gの力で押へねばならないか。つぎにこの棒を5cmだけ引上げたならば押へる力は何gとなるか
生物問題（一部）	ガラス鉢に水を入れ、その中に数匹の「おたまじゃくし」を放した。この「おたまじゃくし」を、蛙になるまで飼ひ続けるためには、適当の餌を与へることの外に、如何なる工夫を払ふべきか、またその理由について述べよ

　同年５月、入学式が行われ、授業が開講された。戦時下、休業状態であった金沢市内犀川下にある料亭「川新」の２階を、生徒寄宿舎に代用した。また、校舎は金沢市中村町の国民学校を引き継いだ（無償）が、緊縮予算に加え物資自体の窮乏の中で、机や椅子などの教育上必要な備品類の準備は市内外からなんとか間に合わせで苦労しながら開講したといわれる[52]。金沢高等師範学校の教育方針も、「一、高万活達なる大国民的気宇を涵養すべし　一、気節を尚び、廉恥を重んずる風尚を馴致すべし　一、求道精神、工夫創造の態度を確立すべし」といった三綱領に基づいて、「大東亜指導者たるの教養気品を具へしむること……責任を重んじ挺身衆を荷ふの気概を長せしむること……文化創造に寄与して戦力増強に資せしむること」（『金沢高等師範学校沿革誌』所収）と規定された。

---

(52) 樫本竹治は、「これを整えようとしても容易に入手はできない情勢のときであった。そこで文部省や東京都下の某専門学校で不要になったものを譲り受け、また市内の学校から借入れたものでまに合せた。その頃、お菓子屋や飲食店などの整理が行われて、営業用の戸棚、卓子などを供出したことがあった。教職員が手分けして各集積地に出張してそれらを検分し、希望の品を申出て配給を受けたこともあった。こんな間に合せ物で我慢をせねばならなかった。ネズミが穴をあけた戸棚に図書を整理したり、お菓子をならべるガラス張の棚に試薬をならべたりした風景は、本校でなければ見られないものであろう。」（「回顧断片」48～49頁）と、証言している。

第4章　新制国立大学の設置過程

第1節　新制国立大学設置までの政策的な動き

　1949（昭和24）年5月の「国立学校設置法」（法律第150号）の公布にともなって、新制国立大学は設置された。それから55年間が経過した2004（平成16）年4月、戦後の教育改革によって生まれた国立大学は国立大学法人となり、設置者を国から国立大学法人とした。戦前期の「大学令」（1918年）によって、私立大学は「法人」によって設置運営されると規定されたが、学制改革論議が展開される中で、官公大学については法人化するといった政策構想は生じなかった[1]。戦後の教育改革においても、国立大学は国を設置者として、教育・研究活動を行うとされたのであった。戦後の高度経済成長の中で、高等学校や大学への進学率も上昇し、高等教育の大衆化がみられるようになり、1970年代の中央教育審議会や1980年代の臨時教育審議会などでは、国立大学のさらなる自律的な大学運営をはかるため、法人化問題が議論に取り上げられることもあったが、実現には至らなかった。国から国立大学法人へと設置者の変更をみた国立大学法人は、いまだ経過進行中であるため歴史的な評価は難しいが、国立大学法人は「教学」と「経営」の関係性や大学自治運営の在り方など多岐にわたる問題を呈しており、日本の大学運営にとって歴史上の画期となる出来事と思われる[2]。

　2004年の国立大学法人化後、国立大学法人の教育・研究の基盤を支える国から支出される「運営費交付金」が年率1％削減され続けている中で、政府

（1）帝国大学新聞社編『学制改革論』1934年、帝国大学新聞社出版部。中野実『近代日本大学制度の成立』2003年、吉川弘文館。

（2）羽田貴史「国立大学法人制度論」広島大学高等教育研究開発センター編『大学論集』第35集、2005年、127〜146頁。中井浩一『徹底検証　大学法人化』2004年、中央公論新社。

の経済財政諮問会議などでは同交付金の配分方式を競争原理のつよい研究実績重視のシステムへと見直したいとする議論が高まっている。財務省が、2006年度の文部科学省科学研究費補助金の獲得金額を大学実績の指標として、国立大学法人への運営費交付金の配分を試算したデータを発表した[3]。それによれば、教員養成を主な目的とする地方にある教育大学など50大学では、交付金額が半額以下になるという試算結果で、もしもこのような交付配分がそのままの形で実施されることになれば、87校の国立大学法人の再編・統合の動きは必至ではないかと予想される。その結果として、高等教育機関の地理的な不均衡が助長され、教育や医学などの地域社会の維持・向上にとって基本的に不可欠とされる、専門学問分野の地域間格差を拡大させるのではないかという懸念も広がっている。

　このような国立大学法人をめぐる現在の目まぐるしい政策や改革の展開は、戦後の教育改革によって生じた新制国立大学の制度や構造を、いかにして変化・改革していくのかといった方法論や技術論が主眼であるように思われる。国からの財政支出の圧縮をもとめる大学外からの要請が表面化するばかりで、本来目指すべき大学改革の理念や目標とされる教育・研究体制などについては内実的には不透明な印象がつよい。改革の対象とされる「新制国立大学」の制度や教育・研究体制などにどのような構造的な問題が存在するのか、また漸進的に進められてきた各大学の取り組みにいかなる問題点があったのかどうかなど、大学関係者の間で抜本的な議論や批判検証が十分になされた結果なのであろうか。改革の「結果」を急ぐあまり、そのことは置き去りにされた感が否めないゆえ、議論や検証といった改革の前提となる「過程」をもっと重視する必要があろう。本章では、戦後大学改革の出発点（原点）となった新制国立大学の設置過程を、地域社会における教育政策が明確であった金沢の事例を通して、あらためて考えてみたい。

　新制国立大学の設置に関する先行研究としては、大学基準協会十年史編纂委員会『大学基準協会十年史』（1952年）、海後宗臣・寺﨑昌男『戦後日本の教育改革9　大学教育』（1969年）、国立教育研究所『日本近代教育百年史6

（3）「国立大の再編必至？　交付金配分に競争原理案　財政優先で教育にツケ」『東京新聞』2007年5月22日、朝刊3面、等参照。

第4章　新制国立大学の設置過程　　123

学校教育4』（1974年）、清水義弘編『地域社会と国立大学』（1975年）、東京大学百年史編集委員会『東京大学百年史　通史三』（1986年）、羽田貴史『戦後大学改革』（1999年）などの蓄積がある。しかし、これらの先行研究からでは、戦後大学史の中央政策的な流れは大まかに把握することはできても、多様に存在したとされる旧制高等教育機関の統合・昇格といった新制国立大学の設置が、地域社会において実際にどのように展開されていったのかを理解することは難しい。師範学校（女子師範学校・青年師範学校・高等師範学校を含む）、専門学校、高等学校（大学予科を含む）、単科大学といった地域社会に存在した、教育目的や教育内容の異なる旧制高等教育機関を統合して、多くの新制国立大学は設置されたのである。従来の先行研究では、1948（昭和23）年6月に文部省の「新制国立大学実施要綱」が公表されて、「1県1国立大学」の設置方針が政策上明らかになり、新制国立大学の設置が地域社会で具体化したという認識であった。しかし、近年公開された国立教育政策研究所所蔵の戦後教育政策関係文書[4]等によって、「新制国立大学実施要綱」の公表以前の段階で、文部省と地域社会と学校などの交渉・検討を経て、各地の新制国立大学は次第に形成されたのではないかと提起され始めている[5]。埼玉大学50年史編纂専門委員会『埼玉大学五十年史』（1999年）や岡山大学創立50周年記念事業委員会『岡山大学50年小史』（1999年）といった新制国立大学50年史の編纂によって、中央の文部政策が表面化する以前の戦後早い段階で、地元地域社会では多様な大学昇格・誘致活動が展開されていたことも明らかになりつつある。そこで本章では、第四高等学校や金沢医科大学など多数の旧制高等教育機関を母体にしながら、戦後総合大学設置活動の全国的な先駆け（モデル）となった「北陸総合大学構想」を事例にして、地域社会における新制国立大学の設置過程を明らかにしたい。

　1946（昭和21）年3月の第1次米国教育使節団報告書の提示から、1949年5月末の国立学校設置法の施行までの約3ヵ年間にわたる、新制国立大学の

（4）国立教育政策研究所附属図書館には、故佐藤秀夫らによって戦後教育資料（山崎匡輔・日高第四郎資料等）や辻田力文書、日高ノートなど日本側の主要な政策資料だけでなく、J.C.トレーナー文書などのアメリカ側の政策資料の複製版も所蔵・公開されている。
（5）羽田貴史「戦後大学改革と国土計画」『戦後大学改革』1999年、玉川大学出版部、16～144頁。

124

設置に関する主要な政策上の動きを列挙すると、下記に示す表のとおりである[6]。

1946（昭和21）年3月	第1次米国教育使節団報告書の提示。
同年10月	大学設立基準設定協議会の設立（後の大学基準協会）。
同年12月	教育刷新委員会、6-3-3-4制を建議する。
1947（昭和22）年2月	文部省、6-3制実施について声明する。新制大学は、1949年度から実施することとなる。
同年3月	学校教育法の公布。
同年7月	大学基準協会の設立。大学基準の制定。
	教育刷新委員会、文教施設に関する建議で、大学整備方針を示す。
	文部省、官立高等学校・大学予科に対して、新学制転換についての希望調査を実施する。
同年10月	帝国大学令を廃止し、国立総合大学と改称する。
同年12月	CI&E、国立大学の地方委譲を示唆する。
	教育刷新委員会及び大学基準協会、大学の地方委譲に反対表明する。
1948（昭和23）年1月	大学設置委員会の設立。
同年2月	大学設置委員会、大学設置基準を答申する。
同年5月	文部省、国立新制大学切替措置要項案及び大学設置認可申請書記載様式を配布する。
同年6月	文部省、国立新制大学の実施案を策定する。
同年7月	W.C.イールズ、日本における国立大学編成の指導原則（11原則）を提示する。
	教育刷新委員会、大学の国土計画的配置について建議する。
1949（昭和24）年5月	国立学校設置法の公布。

　上記の動きの中でも、地域社会における新制国立大学の設置に関して、いくつか重要と思われる点を補足したい[7]。1947年7月23日の教育刷新委員会

（6）大学基準協会十年史編纂委員会『大学基準協会十年史』（1952年）や清水義弘編『地域社会と国立大学』（1975年）、羽田貴史『戦後大学改革』（1999年）、等をもとに作成した。
（7）大学基準協会や教育刷新委員会の議論については、大学基準協会事務局高等教育研究部門編『資料にみる大学基準協会五十年の歩み』（1997年）や日本近代教育史料研究会編『教育刷新委員会教育刷新審議会会議録』（1995～1998年）、等を参照した。

第5回建議事項「文教施設の整備に関すること」の「4　大学の整備方針」では、「地方文化の高揚及び産業発展の基盤ともなるよう、国土計画における都市配置、産業計画及び大都市抑制等を考慮」[(8)]して、大学をなるべく分散配置するよう提言している。地方文化の高揚や地域産業の発展といった「地方」の論点は、新制国立大学設置における重要なポイントとみなされた。

　同年7月28日、文部省は官立高等学校長及び予科を有する官立大学長等宛てに、「新学制転換についての希望報告」の依頼（発学316号）を行った[(9)]。8月15日を提出期限として、各学校の新学制への切り替え希望を調査する内容であった。学校教育法体制下において、新制高等学校に転換する場合・単独に大学になる場合・他の大学、専門学校と合併して大学となる場合・既設の大学の一部となる場合などに区分して、学校の回答を求めている。「他の大学、専門学校と合併して大学となる場合」については、地元での各学校の無駄な大学昇格運動を差し控えることによって、共通の施設・教官組織等を協力して得られ、経常費も節約することができると注釈説明している。文部省の調査は、各旧制高等教育機関に対して、率直な新学制への転換希望を打診したものであった。各学校からの回答は、単科大学で昇格を希望するものや地域の総合大学構想に参加するもの、新制の高等学校に転換するものなど、様々な希望がよせられたものと思われる。たとえば、管見の限りでは長野工業専門学校が単科の工業大学に昇格することを希望する旨回答している。「理由　地元の熱心なる希望として、是非共県下に工業大学の設置要望しある実状に鑑み、且又地理的配置並に長野県の持つ立地条件の点より見て、長野県に工業大学を設けて地方文化の発展を図る必要を痛感する……」[(10)]。これ以降、文部省は本格的に各学校との交渉協議を深めていくことになる。

　1947年12月4日の『東京新聞』に、「官立大学、高専の地方移譲　審議を急ぎ近く実現　文部省、解体の運命か」という記事がスクープ報道された。旧制7帝国大学と、北陸・中国・四国地方に新設する総合大学とを合わせて、10総合大学のみが官立（国立）とされ、あとの高等教育機関はすべて地

（8）近代日本教育制度史料編纂会『近代日本教育制度史料　19』1957年、講談社、262頁。
（9）近代日本教育制度史料編纂会『近代日本教育制度史料　24』1957年、講談社、354頁。
（10）作道好男・作道克彦『大学の歴史　信州大学工学部』1982年、144頁。

方委譲されるという急進的な計画内容であった。教育委員会制度による地方分権化を推し進めようとするCI&Eが、同年12月に入って、地方委譲にともなう10総合大学設置構想を文部省に提示したものである[11]。北陸・中国・四国地方に総合大学を設置するという志向は、すでに1946年秋文部省内で策定されていた「学校整備方針案」にもみられた。大学・高等専門学校等の地方分散を考慮してのものであり、「学校整備に当たりては議会の請願、建議等を尊重するは勿論地元等に希望ある場合は出来得る限り取入れる。」という条項も存在した[12]。

　1947年12月の新聞報道の公表は、様々なところで波紋を引き起こした。とくに動揺が大きかった大学基準協会や教育刷新委員会では、地方財政には大学の経費負担能力はなく、地域利害に左右されて国土計画上も全体的な見通しをもつことができないなどの理由から、地方委譲にともなう10総合大学設置構想に対して、極めて批判的であった[13]。戦後直後から総合大学設置の希望を明らかにしていた新潟県[14]なども、10総合大学構想の情報に対して、激しい衝撃を受けた。1947年12月24日、新潟県議会が県民の不安が増大したという意見書を森戸文相に提出したほどである[15]。文部省内で、この

(11)　Board of Education Law 1946〜1947、J.C.トレーナー文書Box17。
(12)　戦後教育資料Ⅶ−8。
(13)　『大学基準協会会報』第3号、1948年、69〜70頁、等参照。以下のとおり、1947年12月27日の教育刷新委員会第9回建議には、その反対理由が端的に明記されている。
　「1　都道府県又は市に設置される地方教育委員会は日本の現状から考えて大学の任務遂行の理念について十分な理解を持つ水準に到達しているとは考えられず、且つ又地方政治的利益本位の事情に動かされ易く、大学の自由とその自治を保障することが困難であり、中央で所管する以上の危惧の念が生ずる。2　日本の大学、高等専門学校は官立、公立、私立を問わず従来常に全国的な視野に立ち、全国的な需要に基づいて配置されて来た。今、官立学校を一挙に地方に委譲する場合には日本の国土計画乃至優秀な社会人、職業人の養成計画などに全面的な見通しが不可能となり地方によって非常な偏頗化を生ずるおそれがある。3　都道府県及び市の財政面からみて地方費によって大学を維持することは極めて困難である。たまたまその地に所在する所以を以て現在の国立大学、高等専門学校をその地方に委譲することは、義務教育又は高等普通教育におけるが如き共通的一般性がないため一般の税制改革地方分与税の改正によってもその維持は困難である。目下教育に関する財政は六・三制の遂行にも困難を感じて居り、これ以上の負担をかけることは地方に混乱を来すおそれがあり、ひいて大学の健全な発展と向上は期待出来ない。」（『近代日本教育制度史料　19』267〜268頁）。
(14)　1947年6月には、新潟県内の有力者らが中心となって北日本大学期成同盟会を組織し、新潟医科大学等を母体に北日本総合大学構想を掲げた。
(15)　新潟大学二十五年史編集委員会『新潟大学二十五年史　総編』1974年、69頁。

地方委譲構想がいつの段階で断念されたかは今のところ断定できないが、1948年3月の参議院文教委員会で剱木学校教育局次長が10総合大学設置案は完全に解消されたと発言していることから、1948年に入って後、断念されたものと思われる。

　1948年5月、文部省は「国立新制大学切替措置要項案」を各学校に提示した[16]。新制国立大学の合併目標として、「（1）国立総合大学は附属の予科専門部等を包摂するは勿論、できうる限りその所在地の高等学校、専門学校等を合併して、新制の総合大学とする。（2）官立の単科大学は附属の予科専門部等を包摂するは勿論、特殊の大学を除きその所在地の高専校と合併して総合または複合の一大学とする。（3）前二項に包含されない高等学校、専門学校、教員養成諸学校は特殊の学校を除き、その地域毎に合併して複合の一大学とする。」を明確化したのである。文部省の説明によれば、総合（Multi-faculty）型とは東京大学を例にした人文・社会・自然科学の学部を完備した大学で、複合（Duplex）型は金沢や新潟を例に総合型よりも学部数が少ない大学であった。さらに、速やかに「大学設置認可申請書」を作成提出して、7月中には大学設置委員会の審議にかけるという文部省のタイムプランも示したのである[17]。この見通しは、地域社会における新制国立大学の設置に苦闘する各学校からの要望により、大幅な遅延をきたすことになる。文部省は、各学校との交渉協議を踏まえて「国立新制大学の実施案」を策定した[18]。その中で、新制国立大学へ転換する際の注意事項が、「新制大学の切替えに当たっては、特別の場合を除き同一地域の官立学校はなるべく合併して一大学とし一地域一大学の実現を図り、経費の膨張を防ぐと共に大学の基礎確立に努める」[19]と掲げられている。現状では280校ある官立の旧制高等教育機関を、各県で少なくとも1校、計70校程度の大学数に統合する見通しを、文部省は有していた。

　1948年7月26日、教育刷新委員会で採択された第21回建議事項「大学の国

---

(16) 静岡大学10年史編集委員会『静岡大学10年史』1962年、9頁、等参照。
(17) 岩手大学創立50周年記念誌編集委員会『岩手大学五十年史』2000年、30頁、等参照。
(18) 羽田貴史：前掲書92〜94頁。
(19) 辻田力文書8-20-1。

土計画的配置について」では、大学設置方針が明確に掲げられている。

　「（1）地区の中心たる大都市の国立総合大学には、なるべくすべての部門を網羅して、その地区の文教の中心たらしめること。（2）各都道府県には、なるべく複合大学（或は連合大学又は協定大学等－以下単に複合大学と称す）をおき、その都道府県の文教の中心たらしめること。（3）各都道府県の複合大学には必ず学芸学部若しくは文理学部をおき、教員養成を兼ね行わしめること。（4）各都道府県の複合大学には、なるべく農学若しくは農学の講座又は農学研究所をおき、地方農業の発達に資すること。（5）各都道府県の複合大学には地方の実情に応じ、農業の外、他の産業部門の学部若しくは講座又はその研究所をおき、地方産業の発達に資すること。（水産、蚕糸、紡織、金属、電気、機械器具、化学、窯業、食品、鉱業等）（6）各都道府県の複合大学の医学部は、地域人口の分布に応じ、なるべく均等の配置を期し、各地域保健の中心たらしめること。」[20]。

　「1県1大学」という方針をより具体化する内容で、医療・教員養成機能を有し、地域産業の発展にも寄与する学部・講座・研究所を置く、地域社会における「文教の中心」たる複合大学の形態を新制国立大学のモデルとした。上記の建議は、同年12月16日に新制国立大学の認可審査を行っていた大学設置委員会へ配布されたのである。

第2節　北陸総合大学構想にみる地域社会の動き

　中央での文部政策が進展していく以前の戦後直後の段階[21]で、すでに北

---

(20)　『近代日本教育制度史料　19』290～291頁。
(21)　『北國毎日新聞』第18973号（1945年9月28日、3面）には、「軍都の転換　金沢は学園都市か　師団の諸施設を生かし　綜合大学建設の構想」という記事が記されている。
　　「"杜の都"と謳はれて全国でもめづらしい文化環境にめぐまれ学界芸術界に幾多の著名人を送り出した金沢市は終戦にあたつて文化都市、学術の都として新生すべき要望が高まりつゝあり、これは新市長への期待のなかに文化都市建設の声が圧倒的に多いのにも示されてゐるが、これが実現は必らずしも夢でなく、師団司令部所在地への大学移転による教育機関の分散といふ文部省の新しい方針によつてすでに曙光が見られ、全市こぞつて努力を傾ければ伝統と環境にめぐまれた金沢市の"学術の都"実現は案外近い将来にある」

陸地域の金沢では総合大学設置の動きが表面化する。1945（昭和20）年12月、石川県通常県会において旧軍事施設であった野村練兵場（10万坪）を利用した北陸総合大学の設置が議論された。これを受けて、早速伊藤謹二県知事が文部省へ陳情に赴き、北陸総合大学設置運動が開始されることになった[22]。

　戦後直後から、全国に先駆けて総合大学設置の議論が叫ばれた背景には、戦前期からの北陸帝国大学誘致の経緯・蓄積があったからにほかならない。1911年1月31日、第27回帝国議会衆議院において戸水寛人らが提出者となって「北陸帝国大学設立ニ関スル建議案」（衆第18号）が提出され、同年2月18日可決された。この建議では、「我カ国夙ニ東京帝国大学ノ数アリ而シテ後ニ京都帝国大学ヲ立テ輓近又東北帝国大学及九州帝国大学ノ建設ヲ見ルニ至レリ然レトモ人智開発ノ点ヨリ之ヲ観レバ帝国大学ノ数尚未タ足ラザルヲ覚ユ依リテ北陸帝国大学ヲ設立セラレムコトヲ望ム」と、国内では東京・京都・東北・九州と帝国大学を建設したが、いまだ大学の数としては十分なものではないとして、北陸帝国大学の設置を要望している。同年2月6日の建議委員会でも、戸水委員長は「唯今ハ御存知ノ通リ四ツノ大学ガアル、東京、京都、東北、九州ノ四ツアルガ是デハ足リナイ誠ニ欧羅巴ノ大学ノ数ト対照スルト、人口ニ比例シテ日本デハ非常ニ尠イ……自分ノ考デハヤハリ近キ将来ニ於テハ五ツヤ六ツハ設ケテ然ルベキ」と述べ、「北陸ハ風俗モ醇朴デアリ且天然ノ風景モ好ク、学生ガ静カニ学問ヲスルニハ甚ダ適当ナ場所デアル」として、かつて初代文相森有礼が、第四高等中学校を金沢に設置したのもそれが要因であると主張している。しかし、小松原英太郎文部大臣は「北陸ニモ何カ早ク立ツテ呉レトカ、四国ニモ何カナケレバナラヌト云フ、地方地方ノ人ハ希望スルダロウト思ヒマスガ、併シサウ無暗ニ大学ヲ揃ヘル必要ハナイト思ヒマス、凡ソ国家ノ必要ニ顧ミテ建設スル前ニハ仕方ガナカロウ」と答えている。建議案は可決されながらも、帝国大学設置を望むという地元の要望が基本的に理解されたにとどまり、実現されることはなかった。戸水らの提出した建議案では、地元の北陸帝国大学設置の要望は主張さ

（22）金沢大学工学部50年史編集委員会『金沢大学工学部50年史』1970年、121頁。

れているが、大学設置計画としてみれば、具体的な設置地域や大学の組織構成などについて言及したものではなかった。実際の金沢医科大学や第四高等学校を母体にして、いかに帝国大学の組織に転換していくのかといった議論にまでは到達していなかったといえよう。

　以下、戦後の北陸総合大学設置を求める地元の主な陳情活動をみていこう[23]。1946年２月26日、伊藤県知事は文部省へ出向き、安倍文相・文部次官・局長（学校教育局長不在につき次長）・関係課長等に総合大学設置について打診すると共に陳情した。同月27日、金沢市議会は満場一致で、総合大学設置に関する意見書を県知事や関係各大臣へ提出した。意見書には、「政府ハ此ノ際学校其ノ他ノ文化施設ニツキ国内再配置ヲ考慮シ是等施設ノ大都市集中ヲ避ケテ地方分散ノ計画アル由　我ガ金沢市ハ戦災ヲ免レタル全国有数ノ都市ニシテ且ツ北陸ノ雄都タリ我等ハ金沢市ガ其ノ伝統ト北陸地方に於ケル位置並環境ガ将来我ガ国文化ノ一大淵叢トシテ国運ノ開拓ニ寄與シ得ベキ条件ヲ具備セルヲ信ズ仍テ金沢市ニ官立総合大学ノ位置ヲ熱望スルモノナリ」とあり、中央の政策状況を踏まえて、総合大学設置を希望している。同年４月５日、津澤佐正金沢市文化部長が、山崎次官・劔木大学教育課長・春山理事官等に陳情した。同月22日、武谷甚太郎金沢市長・津澤文化部長が、安倍文相・山崎次官・田中学校教育局長等を訪問し、地元の総合大学設置にかける熱意を示した。同月30日、増本甲吉県内務部長は軍政部を訪問して、総合大学設置の期成同盟会を結成することを伝え、軍政部の積極的な支援援助を求めた。同年５月６日、清水芳一事務局長が、文部省の劔木大学教育課長等と懇談した。同月７日、武谷県議会全員協議会議長が、文相・内相・蔵相に宛てて意見書を提出した。意見書には、「我ガ金沢市ハ戦災ヲ免レタル全国屈指ノ都市ニシテ古来北陸ノ雄都デアリ而モ位置環境カラ見テモ学都タルノ条件ガ十分備ハッテ居ルノデアリマス而モ金沢市ニハ終戦ニ依リ解放セラレタ広大ナル旧軍用土地建物ガアリマシテ此ノ際之ヲ活用シテ金沢市ニ国立ノ

---

(23)「北陸総合大学設置運動経過概要」『金沢大学創設資料　壱巻』（金沢大学附属図書館所蔵）。『金沢大学創設資料』（全５巻）は、新制国立大学として金沢大学が成立する前後の関係資料を、山知外男（1951年当時、金沢大学事務局事務局文書係長）が中心になって、大学の記録保存のために綴った薄冊資料である。

総合大学ヲ設置スルコトハ最モ時宜ニ適シタルコトデアリマシテ一国ノ文化
進展ノ上ニ於テモ最モ望マシイコト存ジマス」と記されている。同月30
日、金沢医科大で医科大全教授を参加対象として、石坂学長が司会を務める
総合大学構想懇談会が開催された。県からも、増本内務部長や清水事務局長
が出席して持論を述べた。とくに、増本は「都市ノ表看板トシテ大学ガ欲シ
イノデハナイ。利権漁リノヤウニ大学ヲ誘致シテ、卑近ナ都市繁栄策ヲ図ラ
ウトスルノデハナイ。モット根深、モット根本的ナモノカラ学問ト真理トヲ
身近ニ求メヤウトスルノデアル。……直接卑近且具体的ナ産業振興ノ為ノ
試験研究デナクトモ如何ニ有形、無形、直接間接ノ寄与ガ為サレルデアラウ
カ。」として、北陸総合大学の誘致を、地域産業の振興を単にはかるだけで
はなく、地域社会における文化復興の精神的な象徴として、大学と地域社会
の関係性において根源的な意味を有するものと捉えていた[24]。この指摘
は、戦後の新制大学が戦前期の「国家ノ須要」に応じる高度な専門教育機関
から決別して、地域住民・地方自治体の生活や福祉に関係し寄与するよう
な、身近な生活基盤である地域社会にとっての大学へと転換しようという積
極的な志向を表していると思われる。

　1946年6月3日、伊藤県知事を会長に、武谷市長・増本県内務部長・林屋
亀次郎県商工経済会頭が副会長となって、「北陸総合大学設置期成同盟会」
を結成し、会事務所を県庁内に置いた。会の評議員として、地元の各学校・
教育関係や地方官公署・都市会関係や各種団体・実業経済界などから多数が
加わり、富山・福井両県知事や富山・高岡・福井・敦賀各市長並びに富山・
福井両県商工経済会頭らも顧問として参画した。会の趣意書には、「従来な
ほざりにされてゐた裏日本特有の人文と自然とに即した学術研究を復興し、
地方文化の啓発に資する」と記されている。決議文でも、「今我等に課せら
れてある文化日本の建設といふ名題の文化は国民文化であり、地方文化であ
り、又生活文化でなければならない。……特に特殊な自然及びそれによつて
育てられてきた当地方の文化の諸相は学問の研究対象として未開の分野を多

---

(24)「清水事務局長覚書」『昭和二十一年六月以降　北陸総合大学設置に関する創設企画関係参考
　　書類綴』北陸大学実施準備委員会（金沢大学資料館所蔵）。

分に有つてゐるものであり、これが開発は単に北陸地方の発展をめざすばかりでなく、やがて文化日本建設の重大な一つの力となるものである」と述べ、以下の3箇条の「決議」を示した。

一、我等は必ず北陸総合大学の設置を実現する
一、我等は北陸地方文化の独自的研究開発を推進する
一、我等は地方文化の振興から更に文化日本の建設に寄与する

北陸総合大学は、北陸地域特有の人文や自然に応じた学術研究を行い、北陸地方文化の振興をはかるとした。設置期成同盟会の主な活動は、政府・文部省や国会への総合大学設置の陳情、CI&E や軍政隊への援助懇請、総合大学設置のための啓蒙普及[25]、必要な設置資金の徴集、そして総合大学設置構想の策定であった。設置期成同盟会は、「北陸総合大学企画資料」[26]として、縁故ある教育関係者らから、北陸総合大学設置に関する意見聴取（アンケート調査）を行っている。質問事項は、次のとおりであった。

一、我が国の現状及将来に関し、今後の最高学府はいかなる教育に重点を置き、またいかなる学問研究の分野を開拓することが最も必要であるとお考へになりますか、ご教示下さい。
二、貴下の御専門の研究と関連し、又他の研究部門において、北陸地方の特異なる人文と自然とに即した研究が従来等閑に附せられて居た頃、著し

---

(25) 北陸総合大学設立準備委員会県教育部長から、1947年2月26日に北陸総合大学設立運動学生委員長宛てて、「北陸総合大学設立運動について」の文書が発せられている。その中で、「金沢市に北陸総合大学設立の必要性」が10項目にわたって端的に示されている。
「1. 裏日本に一つの総合大学もない事は国土計画並教育施設の地方分散から考へても妥当でない　2. 教育の機会均等上からも北陸地方に総合大学を必要とする……5. 大学は最早や一部特権階級のものでなく広く県民のものであり地方民衆のものであること　6. 大学は単に学徒の教育施設でなく広く地方民衆の生活に直結し文化の興隆、民生の安定に資するものであること……8. 金沢市は既に学都としての基盤がある上関係学校が市内に集中し総合大学創立に至便なること……10. 創設費は従来から地元負担が国立大学建設の不文律であるから此の際この創設費捻出は地元民の熱意如何によるので広く県民の協力支持を要する点」（「北陸綜合大学設立準備に関する啓蒙運動展開方について」『昭和二十三年　往復文書　石川県・一般官庁』石川師範学校、金沢大学資料館所蔵）。
(26) 『金沢大学創設資料　壱巻』所収。

> い欠陥認められ、又尠くも不利不便を免れなかつたといふような具体的
> 事例がありましたならば御指摘下さい。
> 三、従来の総合大学の外、新に北陸総合大学を設置せらるゝものとして之を
> 特色あらしむる為に如何なる学部、学科及研究施設を必要とするでせう
> か。その構想について貴見を御洩し下さい。

　１点めについて、北海道帝国大学教授中谷宇吉郎（1922年四高理科甲類卒）は「科学と文学　文学を軽視せざること」と述べ、駒澤大学教授笠森伝繁（石川郡笠間村出身）は「自然科学と人文科学とに世界的最高水準を保持せしむべきである。新に開拓すべき学問研究の分野としては自然科学に於ては我国の資源事情を顧みつゝ、電気、畜産、水産等の諸学を、人文科学に於ては国際的社会事情に通ずるため各国の宗教哲学、道徳、法制経済等の諸学を挙くべきであらう」としている。

　２点めについては、広島文理科大学教授斯波六郎（鳳至郡七浦村出身、1915年石川師範本科一部卒）は「前田藩の文化政策、学問の実情を知り度と思つたことがありますが、一向手がつけられず困つたことがありました。日本の旧藩時代の学問は今のうちに資料を蒐集して研究を加へておかぬと永久に湮滅してしまふでせう」とし、東京帝国大学教授鏑木外岐雄（1912年四高二部理科卒）は「（１）有畜農業、農村林業等を顧慮せる立体的経営に乏しく、殆ど稲作□色の□□る農業経営形態（２）日本海の海洋学的及水産生物調査並に□水利用による養殖計画の貧困（３）豊富なる水力発電利用による製薬、軽工業経営等の貧困・北陸地方に適応せる衛生住宅に関する研究の欠如」と述べ、中谷博士は「気候風土に関する部門　例へば雪の研究」と端的に指摘している。

　３点めについては、東京帝国大学教授末広恭雄（農林省七尾水産試験場長を歴任）は「医学部……日本第一の結核県たる石川に結核研究者の急速なる養成が望ましい　工学部……結核と関連して採光を考慮した建築、また降雨多き事情を考慮した工事等の研究が非常に必要であらう　農学部……食糧問題重大の折から農業と共に水産業の役割は大である。水産□の設立が絶対必要ではないか、そこで今回設立さるる北陸総合大学には率先して水産学部を置き

能登水産発展に猛進さるゝことを望む」とし、斯波博士は「前田藩の学問、北陸特有の工芸美術、北陸人特有の信仰心に基礎をおいた国文学科、漢文学科、美学科、宗教学科を作り之を文学部の中心としたいものと思ひます」と述べている（□は、判読不能）。地域社会の教育・研究課題を、新制大学の構成やカリキュラムにまで、実際に取り上げようと志向している点は注目したい。とくに、従前問題であったとされる「欠陥」や「不利不便」についても調査しようとする積極的な姿勢には、新たな大学を地域社会の中で模索し、主体的に創造しようという意欲がつよく感じられよう。

1946年8月6日に開かれた北陸総合大学在京顧問評議会では、総合大学の組織案について協議した。関係資料には、大学組織の母体となる学校については明示されていない。

その第1試案は、人文学部（哲・史・文・法・経済学科）、理学部（数・物理・化・生物・地鉱学科）、工学部（機械工・電気工・応用化・土木建築工・精密工学科）、農学部（農・農芸化・林・畜産・水産学科）、医学部（医・薬学科）の5学部案であった。おそらく、金沢医科大学を母体に想定して医学部（医・薬学科）を、第四高等学校を母体に想定して法・経済学科等を含む人文学部を挙げているものと思われる。林・水産学科等を含む農学部[27]を構想している点は、北陸の自然風土に応じる地域産業の開発ともかかわって重要であろう[28]。第2試案は、人文学部（文・哲・史学科）、理農学部（理・農・農芸化・林・水産学科）、工学部（機械工・電気工・応用化・土木建築・精密工業科）、医学部（医・薬学科）の4学部案である。第3試案は、人文学部（文・哲・史学科）、理農学部（理・農・農芸化・林・水産学科）、医学部（医・薬学科）の3学部案である。第4

---

[27] 『北國毎日新聞』第19516号（1947年3月30日、1面）には、「松任農学校の昇格有望」という記事が掲載されている。北陸総合大学の一部として、松任農学校を1948年度に高等農林学校（旧制）へ昇格させ、1949年度には大学農学部に編入しようという構想である。約5百万円（校舎・土地を含む）を地元側で負担するものとされた。1947年3月29日には、竹田代議士（石川県）が、この問題で剣木文部省学校教育局次長や植田視学官と懇談している。

[28] 金沢大学初代学長となる戸田正三は、「北陸の地勢に順応した産業を開発するために……北陸の風土に適応した農業・林業・漁業・畜産業の飛躍的な開発が望ましい。これには本学創立当時の希望条件であるところの、農学部の新設」（『金沢大学十年史』1960年）と、「降雨の多い北陸は林業を最適とするので植林の研究が急速に行われねばならず、漁獲の豊富な点からも加工技術の研究を本格的に実施す」（『北國毎日新聞』1949年11月23日）る農学部の設置が重要と主張した。

試案に、人文学部（文・哲・史学科）、理工学部（理・機械・電気・応用化・土木建築学科）、医学部（医・薬学科）の３学部案である。第２・３・４試案では、人文学部から第四高等学校の教員組織が手薄とされる法・経済学科を外している。また、第２・３試案では理農学部を、第４試案では理工学部を構想している。金沢医科大学や第四高等学校などを大学組織の母体に想定して大学構想を策定したものと推測されるが、この段階では金沢工業専門学校などのように単独で大学昇格を要望し活動している動向もあって、大学の母体となる実際の学校については流動的な情勢を含んでいた。したがって、いかなる状況の変化が生じても、北陸総合大学は設置可能なものと捉えられ、その学部・学科の形態も多様な選択肢を想定していた。

　1947年３月28日、第四高等学校において、市内にある関係諸学校校長、第四高等学校・金沢医科大学・金沢工業専門学校・金沢高等師範学校・金沢女子専門学園・金沢美術工芸専門学校の校長らと軍政部 CI&E の係官２名が懇談した。CI&E の係官からは、次のような指示があった。

> 「本年六月には大学設立基準委員会の官制が出来るが我々の考としては其以前に大学昇格申請をなすを有利とす、此の場合個々の学校が単独に之をなすよりも各学校が一本になつて申請する方有利なり、各学校が一所になつてやる事に何等かの障害があるか」[29]

　石川軍政隊は、1947年８月、北陸総合大学の有効性を認め、その敷地として金沢城址使用を支持した[30]。それを受け、石川県や学校関係者らが城址を視察し、北陸総合大学の敷地として内定し、「総合大学設置計画書」にその点を速やかに盛り込むことができた。石川軍政隊の尽力も、実際の総合大学設置に向けて大きな弾みをつける側面支援であった。

　同年５月20日にも、金沢医科大学に金沢医科大学・金沢医科大学附属薬学専門部・第四高等学校・金沢工業専門学校・金沢高等師範学校・石川師範学

---

(29) 「昭和22年４月14日臨時教授会」『金沢医科大学教授会決定事項　昭和22年』（金沢大学医学部所蔵）。

(30) Civil Information and Education Activities（石川軍政活動月報）、1947年８月31日、CAS 文書（B）01031。

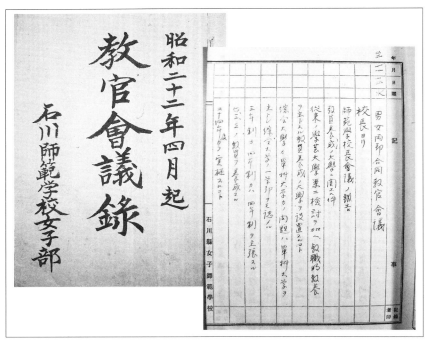

石川師範学校女子部『教官会議録　昭和二十二年四月起』（金沢大学資料館所蔵）

校・石川青年師範学校・金沢女子専門学園・金沢美術工芸専門学校・大谷学園関係者らが参集して、総合大学設置について議論を交わしている[31]。四高は法文・理学部を作って一般教育も担当したいと、金沢工専は総合大学の工学部として参画したいが、その見込みがなければ単科大学の昇格も検討していると、医大附属薬学専門部は総合大学の薬学部となるか、医学部薬学科となるかは考慮中であると、金沢美専は総合大学に加わることができれば美術学部となりたいと、金沢女専は総合大学に入ることなく、私立の短大になりたいと、それぞれの希望を述べたものであった。たしかに、この段階では金沢工業専門学校や石川師範学校が、単独で大学昇格することも検討していた。石川師範は、同年6月23日の教官会議で、総合大学に合流することもや

---

(31) 金沢大学工学部50年史編集委員会：前掲書、123頁。

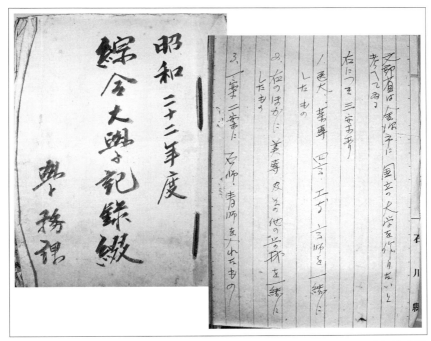

〔県〕学務課『綜合大学記録綴　昭和二十二年度』（金沢大学資料館所蔵）

むなしと態度を表明している[32]。同年12月に入ると、石川師範では「大局的見地に立ち県下の要望に応え、学校の発展を望んで欣然綜合大学の一環として参加することを、全教官、全生徒が認め石川学芸大学の構想は綜合大学教育学部の構想に急転し、爾後その教育内容の整備研究に努力が払われた。」[33]とする。いっぽう、金沢工専でも1947年7月25日までは紡織学科（紡織講座）などを有する「金沢工業大学」の昇格組織案を積極的に検討していたが、同月28日に県知事応接室で、視察中の松井大学教育課長を介して、文部当局の見解「本校の単科大学昇格に就ての別途運動の不可なる旨の報告」

---

(32) 金沢大学50年史編纂委員会『金沢大学五十年史　部局編』1999年、293～294頁。大久保英哲「金沢大学教育学部の設立過程」全国地方教育史学会『地方教育史研究』第25号、2004年、121頁。
(33) 金沢大学教育学部明倫同窓会『石川県師範教育史』1953年、347頁。

が明らかにされた[34]。『金沢大学工学部50年史』（1970年）では、「大学昇格の起案はそのまま活用されてムダではなく、所期の目的を達成したものである。陽の目は見なかったが、工学部誕生までにはかかる美しい先人の活動があったことは忘却できないであろう。」（126頁）と評価しているが、様々な模索や検討を重ねた当時の金沢工専の動きは、時代・社会状況の中で必要とされる、学校としての主体的な選択であったと捉えられるであろう。

　1948年1月20日、市内の各学校関係者らは、石川軍政隊の教育担当官オズボーンのもとに参集する。その際に、オズボーンから文部省春山事務官との面談内容が報告された。文部省は、目下金沢市に国立大学を設置したいと考えているが、次のような3案を想定している[35]。1、医大、薬専、四高、工専、高師を一緒にしたもの。2、1案のほかに、美専及びその他の学校を一緒にしたもの。ただし、「一宗一派」の学校を、国立大学の学部に加えることは難しい。3、1案・2案に、石師、青師を加えたもの。

第3節　新制国立金沢大学の設置過程

　1947年11月4日、設置期成同盟会を改組改称して「北陸総合大学設立準備委員会」とした。当初の隣県富山・福井両県を含む北陸地域という構想から、石川県単独の大学設置運動へと転移した。地元誌の『北國毎日新聞』（1947年10月5日）には、「総合大学どころじゃない　昇格か廃校か　学制改革で大あわての大学高専」という見出しで、「北陸総合大学設立の協力者であつた富山福井両県とも新学制実施によつてそれぞれ自県の高専校を昇格させねばならぬ立場になつた」と報じている。富山県は1945年8月1日の戦災によって師範学校や薬学専門学校などの校舎を失っており、福井県も同年7月の空襲被害によって師範学校や工業専門学校等の校舎が倒壊していたのであった。戦災被害の大きさによって、富山・福井両県の高等教育機関は、戦後初期にはまずその復興に当たらねばならなかったといえる。1947年に入ってから、ようやく福井工業専門学校が1月に工業大学設置期成会を立ち上げ、

(34)『昭和二十二年四月　大学昇格ニ関スル記録』金沢工業専門学校（金沢大学資料館所蔵）。
(35)『綜合大学記録綴』1947年度　学務課（金沢大学資料館所蔵）。

同年2月には高岡工業専門学校が大学昇格期成同盟会を発足させた。1947年10月、東京の富山県人会が富山県に総合大学を設置するように県に建議を行っている。それを受けて、同年11月の富山県議会では大学設置準備費を可決し、翌月高辻副知事を会長にした県有力者らが加わった富山総合大学期成会を設立した。福井も、1948年3月になって知事を会長とする福井県大学設置委員会を組織し、師範学校・青年師範学校・工業専門学校を統合して福井総合大学を志向することになった。

1948年1月17日、柴野和喜夫（1924年四高文科乙類卒）準備委員会委員長と岡島友作・井村重雄（1924年金沢医大附属医専卒）・真柄要助（1926年四高理科甲類卒）委員らが文部省に出頭し、有光文部次官に「北陸総合大学設立要項」を提出した。冒頭の「設立趣意書」には、新生日本の文化国家建設のためにも「三百年来雄藩の城下として、裏日本屈指の大都市として、高き文化の伝統と独自の産業とを有」する北陸地域の学都として位置づけられる金沢に、ぜひ総合大学の設置を望みたいと明記された。非戦災都市である金沢に、総合大学を設置することは国土計画の見地からみても妥当であり、地元にとっても戦前期からの「多年の要望」であり、富山・福井の隣接県民もまた同様の思いであると強調した。学部構成等は、文政・理・医・薬・工・教育・農・美術学部からなり、大学院（3年制）を置くとした。美術学部（絵画・彫刻・工芸・美学美術史科）は1950年度から、農学部（農・獣学畜産・水産科）は1951年度から、大学院は1953年度から、それぞれ設置されるとした。その母体となる学校については、第四高等学校を母体に理学部を、金沢医科大学を母体に医学部を、金沢医科大学附属薬学専門部を母体に薬学部を、金沢工業専門学校を母体に工学部を、石川師範学校を母体に教育学部を、金沢高等師範学校と石川青年師範学校を母体に農学部を、金沢美術工芸専門学校を母体に美術学部を掲げた。文政学部についてはその母体は明示されていないが、第四高等学校の文系語学を母体にしつつ、政治・経済の分野は新たに補充強化しなければならないと考えていたものと思われる。

同年3月25日、準備委員会関係者と各学校長らが上京して、在京県出身の衆・参議員、森戸文相、有光文部次官、日高局長、竹田厚相等に、総合大学設置の陳情を行った。この折、文部省から1月17日に提出した「設立要項」

について、同計画案から美術・農の両学部を削除した法文・教育・理・医・薬・工の6学部編成にするように示唆があった[36]。同年6月2日、5月31日付けの「北陸大学設置認可申請書」を正式に森戸文相に宛てて、柴野県知事及び各学校長の連名をもって提出した。大学設置委員会が、新制大学申請書類の締切りを7月末日までと、5月初めに各関係機関に通知した矢先であった。

　文部省へ提出した設置認可申請書では、大学の組織構成は金沢医科大学を母体にした医学部（医学科）・金沢医科大学附属薬学専門部を母体にした薬学部（薬学科）・金沢工業専門学校を母体にした工学部（土木工・機械工・工業化・化学機械・電気工学科）・金沢高等師範学校と第四高等学校を母体にした理学部（数・物理・化・生物・地学科）・金沢高等師範学校と第四高等学校を母体にした法文学部（法律・経済・文学科）・金沢高等師範学校と石川師範学校と石川青年師範学校を母体にした教育学部（教育学科・教職学科）の計6学部17学科であった。ところが、1948年8月から審査作業を行っていた大学設置委員会から、学科組織についてとくにクレームがあった[37]。それは、「法律学科、経済学科は独立のものとしては成立せず法律学科のみが成り立つ　従つて経済学科の学生募集はできない」という評価内容で、法文学部の母体となる第四高等学校の教員組織が、「甚だ薄弱であり両学科の教員を合して漸く法律学科一つが成り立つ程度」という理由であった。加えて、大学設置委員会は法律学科の教員組織を充実するように要望した。これを受けて、地元では法文学部（法律・文学科）と修正し、準備委員会委員長の柴野県知事と四高の先輩後輩の縁で交友の深い東北大学法学部教授中川善之助（1918年四高一部法科独法卒、第3代金沢大学学長）らの尽力によって、東北帝国大学法文学部教員スタッフなどから金沢大学法文学部法律学科への教員配置を充実することができた[38]。また新設されることになった理学部でも、教員の配置充足には大変

---

(36) 美術学部の母体に考えられた金沢美術工芸専門学校は、1946年11月に工芸美術の伝統継承と保存育成を目指して、金沢市によって設立された美術・陶磁・漆工・金工科の美術工芸専門学校であった。1950年4月には3年制の金沢美術工芸短期大学となり、1955年4月には金沢美術工芸大学となった。

(37) 「昭和24年3月　第八回総会提出申請大学審査報告書要領」、戦後教育資料Ⅵ-319。

(38) 『金沢大学五十年史　部局編』240頁、等参照。

苦労したと、名古屋大学から転任して金沢大学理学部化学科教授となった木羽敏泰（第5代金沢大学理学部長）は証言している（木羽元学部長の談）。発足当時の理学部の教員組織は、まさに第四高等学校や金沢高等師範学校など前身諸学校からの人員配置とその補充であった。

〈1949年の理学部教員構成〉

数学科	教授1（四高1） 助教授7（四高2・金沢高師3・工専2）
物理学科	教授3（四高1・工専1・名古屋大1） 助教授4（四高2・金沢高師1・工専1）
化学科	教授2（薬専1・名古屋大1） 助教授3（四高1・金沢高師1・工専1） 講師1（金沢高師1）
生物学科	教授3（四高1・金沢高師2） 助教授1（金沢高師1） 講師1（薬専1）
地学科	教授2（四高1・台北帝大1）

地元の金沢では、各学校長が中心となり、学校ごとに4〜5名（教員の互選）を委員として諮問委員会（1948年3月〜）が設置された。以下の基準をもとにして、予備選考を重ねた。教授……（1）大学卒業後10年以上が経過。高等専門学校以上の教員歴が、少なくとも3年。かつ、将来研究業績を挙げ得るもの。（2）高等専門学校卒業後15年以上が経過。高等専門学校の教員歴が、少なくとも5年以上。かつ、研究業績を有するもの。助教授……（1）法文科系は大学卒業後5年以上、理工科系は大学卒業後3年以上が経過。将来研究業績を挙げ得るもの。（2）高等専門学校学校卒業後7年以上が経過。将来研究業績を挙げ得るもの。

さらに、金沢大学実施準備委員会内に、人事委員会（1948年5月12日〜）を設置した。柴野県知事を委員長として、土井副知事、石坂医科大学長、庄司高師長、鳥山四高長、横山工専長、清水師範長、難波青師長、鵜飼薬専長、井村市長、西川県商工会頭、嵯峨県ユネスコ協会長［北國毎日新聞社長］の

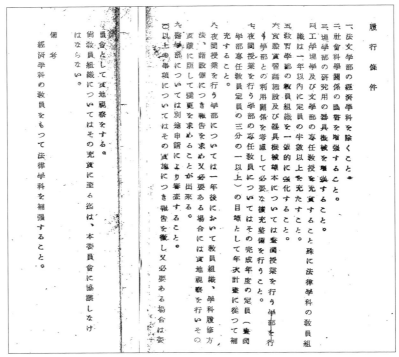

「大学設置委員会から指摘された履行条件」『金沢大学創設資料　参巻』（金沢大学資料館所蔵）

12名が委員に連ねた。湯川秀樹博士（京大理学部）、青山秀夫博士（京大経済学部）、中川善之助教授（東北大法文学部、四高出身）、高柳眞三教授（東北大法文学部、金沢出身）、佐々木惣一博士（京大名誉教授、四高出身）らに専門的な助言及び協力を要請した。その指導のもと、「広く候補者を全国的に優秀なる専門学者の間に求めて十数回にわたる協議」を経て、選考した人事案を文部省に提出したのである。

　大学設置委員会の教員組織に対する評価では、理学部や工学部については一応支障ないが、専任教員充足の点で手薄な感があり専任教授の増強が必要であり、薬学部は適当であり、教育学部は主要講座担当者に微力なものが多いとされた。大学の母体となった旧制高等教育機関の教員らが、設置審査においてどのような評価を受けたのかについては、個人情報へ配慮しながらも

第 4 章　新制国立大学の設置過程　　143

「金沢市街地図　1万1千分1」1949年（抄）古書店より入手

拡大

今後の調査研究の課題であろう。しかしながら、学問分野ごとに設置された専門分科会の審査資料を一覧すると、研究歴や教育歴から ABCD の判定がなされており、D 判定の場合申請ポストより降格の指示が記されている。たとえば、D 判定の場合教授で申請したものならば助教授に、助教授で申請したものならば講師に降格するように指示してある。

　設置認可申請書の中には、全国的にみて発生率の高い北陸地域の結核を研究する附属結核研究所や地域全体の教育振興を目指す附属教育研究所[39]を置くとした。また将来的な計画として、各学部の充実をまって農学部や美術学部を設置し、医学部には附属温泉研究所を、薬学部には附属製薬研究所を、工学部には附属漆器研究所・附属窯業研究所・附属工業材料研究所を、理学部には附属臨海実験所・附属漁業気象観測所などを設置する見通しが示されていた。しかし実際には、附属結核研究所（1949年5月設置）や附属臨海実験所[40]は設置されることになったが、当初計画された多くの施設は実現に向けての課題とされたのである。

　北陸総合大学は、金沢市内にある旧制高等教育機関を母体として構成された。それは、石川県・金沢市の行政当局が、全国に先駆け積極的に地元地域社会の発展を期して設置活動を推進・展開した表れであった[41]。1948年7

----

(39) この附属教育研究所は、「教育の目的・内容・方法、及び教育調査・教育測定等についてその原理と実践とにわたって研究し、その研究と実証的成果とをもってあまねく教育にたずさわるものに対して有益な指導と助言とをなし、それによって教育の地についた進歩発達を図ること」（1947年3月17日付けの文部省発学第133号）ができる、教員養成機能だけでなく、地域社会における教育全体の振興を促すという機関であった。地元の各学校教職員を研究所の所員対象として研究所の組織運営に従事させ、同窓会や地元の教育会などとも密接な協力をはかって、その活動成果を一般に公表・還元するものと考えていた。

(40) 1957年4月、理学部附属能登臨海実験所は石川県内浦町（旧松波町）からの土地寄贈を受けて設置された。その設置の目的は、能登近海における生物調査を行い、地域産業の発展にも寄与するものであった。地元住民らはその目的に感銘して、実験所に続く道路整備まで率先して行ったとされる（同上書、377頁）。

(41) 総合大学の設置活動に熱心であった背景には、10総合大学設置構想などにみる地域間の対抗意識と、地元地域社会の総合大学設置を望む世論が後押ししたからにほかならない。たとえば、富山や新潟が挙県一丸の総合大学の誘致に動いている情報を受けて、石川県の優位性を保持するために、県代表らが東京に上京した旨が1948年3月31日付けの『石川軍政隊報告書』に記されている。また、1947年10月に地元の北國毎日新聞社が、金沢城址の利用に関する世論調査を実施し、北陸総合大学47％・新制中学建設25％・レクリエーション施設19％という結果を報道している。

第4章　新制国立大学の設置過程　　145

月には、「北陸大学」から「金沢大学」へと名称変更をする[42]が、地域社会
の発展を期するという北陸総合大学の理念[43]に変化は生じなかった。

　ただし、当初隣接する富山・福井両県を含む構想であった点には、留意を
要するであろう。富山・福井両県の高等教育機関を、実際に北陸総合大学の
組織に取り上げていなかった点をみると、金沢・石川県の北陸地域における
文化的優位性を富山・福井両県を巻き込む形で中央に顕示する狙いであった
ものと想像される。同様な志向は、同時期の中国総合大学設置活動におい
て、広島県や山口県と対抗していた岡山県が、鳥取・島根両県の協力を取り
つけた点にみることができる。中央政策上、10総合大学のみが国内で官立と
して設置されるならば、富山・福井両県は北陸総合大学構想に賛同した。し
かし、各県で1国立大学の設置が実施されるという政策変化が生ずれば、自
県の大学設置へと動き出すのは当然であった。かつて、第四高等中学校が第
四区の北陸地域（新潟・富山・福井・石川県）に設置されることになった際、本
部・医学部を有する石川県に対して、他の3県は高等中学校の設置を歓迎す
るものではなかった点と相似しているものと思われる。国立大学をめぐる富
山・福井との情報交流や連携活動については、歴史的な課題として現在も重
要であろう。教育の機会均等を目指して、1県1大学を基本として設置され
ることになった戦後の新制国立大学は、2004年の国立大学法人化以後、教育
や医学などの専門学部の配置問題をはじめとして、県域を越えての大学再
編・統合の動きもみられる。急激な改革をともなう大学再編・統合の動きに
対して、地域社会と大学との関係性をさらに深め、地域問題の解決に各大学
が連携してあたるという「国立大学地域貢献ネットワーク」を母体とした

---

(42) 1948年7月10日の準備委員会において、会の名称を「金沢大学実施準備会」に改称した。そ
　　の経緯や理由等については現段階では不明であるが、東海・北陸軍政部CI&E係官のE.W.ジ
　　ョンソンが、同年7月9日と7月29日、"Hokuriku University planning" に助言を与えるため
　　に金沢を訪問している。

(43) 文部省に提出された「金沢大学設置認可申請書」の「目的及び使命」には、「北陸に於ける最
　　高の教育機関、学術文化の研究機関として、平和的な文化国家の健全なる形成者を育成する
　　とともに、学術文化の理論と応用とを研究し、世界文化の進展に寄与する」と明言されてい
　　る。地域社会と大学との関係については、金沢大学初代学長の戸田正三が『金沢大学十年史』
　　(1960年) の中で、金沢大学が「石川県人を世界的な文化人とし、北陸の産業を世界に率先し
　　て開発し、進んで北陸から世界的な名士が出るようにする」と述べている。

「全国大学等地域貢献ネットワーク」（事務局：金沢大学社会貢献室）の試みも展開されている。

制度上、多様な旧制の高等教育機関が一つの総合大学へと統合されていく新制国立大学は、地域社会における大学としての理念的統合や機能的統合を根源的な課題とした[44]。北陸総合大学の場合には、旧制高等教育機関の統合にその理念的な基盤がみられ、新しい総合大学を構築しようと試みる[45]地域社会の可能性を示唆した構想であった。1949年5月に設置された新制国立大学の金沢大学は、地元で設置費8600万円を捻出したが、設置計画の中で示されていた、地域社会との関係性を強めると期待された農学部や附属教育研究所、附属漁業気象観測所などを、スタッフや施設の不備といった事情で設置できなかった問題がある[46]。

北陸総合大学の理念は、「一、我等は北陸地方文化の独自的研究開発を推進する　一、我等は地方文化の振興から更に文化日本の建設に寄与する」（設置期成同盟会の決議）とあるるように、戦前の「国家ノ須要」に応じるといった専門教育機関から脱却して、地域住民や地方自治体の生活や福祉に寄与するような地域社会にとっての大学を目指したものと思われる。それは、戦前期の天皇制国家体制のもとで、「国家ノ須要」に応じる帝国大学など一部の限られた機関に対して特権的に認められていた大学自治の慣行から、戦後地域文化の創造や発展を目指すような市民的な自由としての学問の自由に支

---

(44) 高等教育研究者の天野郁夫は、清水義弘編『地域社会と国立大学』の中で、新制国立大学の設置に関して、次のとおり述べている。
「たしかに〈法制〉上の統合は実現されたものの、〈地理〉的には各学部は〈タコの足〉大学と呼ばれるほどに分散し、また〈大学〉としての〈理念〉的統合も、地域社会での唯一の国立大学としての〈機能〉的統合も、すべてはあとに残された課題だったのである。」（同上書、22頁）。

(45) 1947年3月24日の教育刷新委員会第五特別委員会（第21回）の席上、佐野利器委員（東京大学名誉教授）が、北陸総合大学の動きなどに関して、次のとおり発言している。
「一つの県に一つの大学が出来て、その大学がその県の文化の中心になって行くというような考え方で、ある程度低いかも知れないが、とにかく最高学府というものを県に一つずつ持って行く。その中にはその県にある高等学校なり師範学校なり専門学校なりが入って大学を組織する、というような構想」（『教育刷新委員会教育刷新審議会会議録　8』326頁）。

(46) 金沢大学初代学長の戸田正三も、「北陸の学術と産業を独創的に開拓するための基盤」を有する金沢大学の課題は「理学・工学・薬学・農学等の産業開発並びに人類福祉の向上に対する応用的な研究を一段と飛躍せしめること」が重要と認めている（『金沢大学十年史』）。

えられた「大学の自治」への転換であったとうかがえる。

　さらに考えなければならないのは、戦前期には「北陸帝国大学」の設置を標榜しながら、戦後になって「北陸総合大学」を志向したことの内実である。設置の目標とした帝国大学をいかに捉え、戦後どのように意識したのか。大正期の「大学令」制定以前には、帝国大学以外の大学設置が認められていなかった事情はあるが、金沢医科大学が設置されてなお、地元金沢に帝国大学を設置したいと目指した。医学以外に、理・工学の分野を大学として望んだものと推測されるが、昭和期に設置されることになった大阪帝国大学や名古屋帝国大学の設置過程をみても、国策に応ずる形で理工系学部に特化・重点化した帝国大学であったのは明らかである。戦後を迎えて、1947年10月に「帝国大学令」が廃止され、帝国大学は国立総合大学と改称されるが、大学名称から「帝国」が削除・改称されたことの歴史的な意味を、どれくらい十分に捉えられたのであろうか。この点は、さらなる検討が必要であると思われる。

　後発国家としての近代化を促進させる要請を受けて、西欧の学問研究を輸入した官立の大学が、学問自体が本来内包するはずの批判的な精神を基盤として、「大学」は何かと内在的に批判探求しえたのかどうか。皇至道が1952年に記した「日本の大学の歴史的性格」という論文の中で、国家主義と表裏一体にあった「実学主義」を近代日本の大学の歴史的な性格と位置づけ、その実学主義が展開されていく段階で「我が国の大学は峻厳な自己批判をなすべきであった」[47]と示唆しているが、戦後も、旧制の特権的な大学意識を底流に温存しつつ、新制大学への移行がはかられたのではないかという側面も否定できない。

　これに関連して、戦後の教職員適格審査の問題も看過できない。金沢にあった旧制の高等教育機関の教職員適格審査の全体状況については、現存史料の制約もあり、そのすべてを明らかにできないが、官立単科大学であった金沢医科大学については、『金沢大学五十年史』の編纂によって審査の状況がうかがえる[48]。1946年2月、文部省から金沢医科大学に「就職禁止、退

---

(47) 皇至道「日本の大学の歴史的性格」石山修平・海後宗臣・波多野完治他『石川謙博士還暦記念論文集　教育の史的展開』1952年、講談社、46頁。

148

官、退職ニ関スル件」が通知され、該当者の報告がもとめられる。同年4〜
6月、文部省から教員個人（1級官・2級官・名誉教授）の調査表の作成・提出
がもとめられた。1947年2〜1948年4月、1級官の調査表の追加提出がもと
められ、同年5月、職業陸海軍職員調査が実施されている。そのいっぽう
で、金沢医科大学の内部でも、1946年5月、石坂伸吉学長を委員長にした9
名の教員から構成される金沢医科大学教職員適格審査委員会が設けられてい
る。上記に示した適格審査のいずれからも、該当者・不適格者は出ていな
い。教職員の不適格者が存在しなかったことと、戦時下に教育・研究活動を
通して官立医科大学が果たした役割を考え合わせてみると、大学スタッフの
大きな変更がみられなかったことで戦後への移行が速やかになされた反面、
大学としての自己批判・自己検証作業を十分に行わずに、新制大学への移行
を形式的に果たした問題があるように思われる。

　以上、戦後の新制国立大学の設置過程を金沢の事例からみてきたが、新制
国立大学の設置にあたっては、地域社会からのボトムアップの側面、いわゆ
る地域社会における高等教育事情が顕著にみられると分析した。問題とした
かったのは、ボトムアップかトップダウンかではない。いかなる政策にも、
トップダウンとボトムアップ双方の側面が併存しており、それらは切り離し
がたいものである。どのような意識がそのトップダウンを支え、どういった
意識がボトムアップを行ったのか、それらの交錯する様相を具体的に明らか
にすることが研究として重要であろう。

第4節　地域社会と国立大学——法人化の国立大学の動き——

　戦後の教育改革によって生まれた国立大学は、2004年4月国立大学法人化
された。それ以前の2001年6月、行政改革の一環として文部科学省の「大学
（国立大学）の構造改革の方針」が発表されて、国立大学関係者らは大きな衝
撃を受けることになる。とくに、この「改革の方針」の中でも、「国立大学
の再編・統合を大胆に進める——スクラップ・アンド・ビルドで活性化

---

(48) 古畑徹「教職員の適格審査」『金沢大学五十年史　通史編』338〜339頁。

第4章　新制国立大学の設置過程　　149

——」という柱（項目）は、戦後の新制国立大学の基本方針とされた「1県1大学」原則を抜本的に見直そうとする「画期性」を持っていた。さらに、その柱の中では「各大学や分野ごとの状況を踏まえ再編・統合（①教員養成系など－規模の縮小・再編（地方移管等も検討）、②単科大学（医科大など）－他大学との統合など（同上）、③県域を越えた大学・学部の再編・統合など）」、「国立大学の数の大幅な削減を目指す」と明記された。行政上の単位であった「県」が、もはや国立大学・学部設置の基本単位ではないことを示唆したものであった。

　第4章第1節でも触れたが、戦後の教育改革では「1県1大学」をより具体化していく方針で、地域医療・教員養成の機能を果たし、地域産業の発展にも寄与するような農学・水産学・工学等の学部・講座・研究所を置き、地域社会における「文教の中心」となる、複合大学の形態を新制国立大学の基本的なモデルとした。戦前は天皇制国家体制のもとで「国家の須要」に応じる存在であった帝国・官立大学が、戦後は学問の自由に支えられた大学自治のもと、地域住民・地方自治体の生活や福祉に貢献すべき国立大学とされたのである。また、戦前期に学校教員を専門的に養成していた師範学校、青年師範学校、高等師範学校などの教員養成諸学校も、国家による閉鎖的な教員養成機関であったとする反省から、新制国立大学の設置の中で、大学教育学部（26大学）や大学学芸学部（19大学）、学芸大学（7大学）となり、大学における開放制教員養成課程が採用されることになった。卒業者の教員採用率の動向なども影響して、国立大学法人化後の存続形態については、各地で見直されはじめている。しかし、教員は医師と同様に、地域社会の専門職で地域にとって不可欠な存在であると考えられる。そして近年、教員養成大学・学部と教育委員会・学校との連携交流が重要視され始めている。大阪教育大学や岡山大学、金沢大学の教育学部などでも、府県教育委員会と連携協力に関する協定を結び、学校教育上の諸課題に対する共同調査・研究活動を実践している。そして、協働による取り組みの過程を通して、学校や地域のニーズに応える大学の教員養成を行うことも可能としている。一時的な数値・短絡的な評価だけで、地域社会と密接にかかわる教員養成の大学・学部を統廃合してしまうことには、様々な弊害が生じるであろうことが懸念される。2007年以後の団塊世代の教員定年問題も絡んで、鳥取大学教育地域科学部教員養

成課程の島根大学教育学部への統合のような事例が今後も数多く生じるか、学校教員の世代間バランスも考慮して一時的に凍結・保留されるか、国立大学法人化後の再編・統合の動向はきわめて不透明であると思われる。

　文部科学省は、2007年5月、地方にある国立大学が消費や雇用を通して、年間400～700億円の経済波及効果を地域社会に及ぼすという試算を発表した。文科省が、このような試算を公に発表するのは初めてであるが、先に発表された財務省の運営費交付金の配分試算に対抗する狙いがあり、地方国立大学の役割を戦略的に強調する方針である。試算対象大学の1つである弘前大学（生産誘発額406億円）について、弘前商工会議所は「大学は、役所、自衛隊と並ぶ、"主要企業"」と述べ、「もし大学がなくなれば、若者がいなくなって街から活気が消え、経済面以外の影響もはかりしれない」[49]と訴えている。

　また、高齢化社会にともない各地の医師不足が社会的に問題視されるようになり、国会でその改善策を早急に検討するなど政治問題となっている。政府・与党の対策案では、国公私立大学の医学部に臨時の定員増を認め、地元高校生を優先的に推薦入学させる「地域の推薦枠」を拡充する予定である。医師の数少ない県で、医師の養成数自体を増やしていく狙いである。医学部を卒業後も一定期間、地元で勤務することを約束した学生には奨学金を支給することも検討している。これは、当初医科大学などの統合も視野に検討していた国立大学法人化の動きとは異なる事態が生じたものといえるだろう。教員養成問題と医師不足対策とは、状況次第では後者に政府による相応の支援が拡充されていく方向であり、両者に対する政府の姿勢は対照的となろう。

　地域社会における国立大学という視点でいえば、地域社会の住民子弟に対して、大学進学の機会をいかに供給したのか（教育機会の供給）、地域社会が必要とする、地元に役立つローカル・エリートをいかに養成したのか（人材の養成）、地域社会に役立つ、社会的サービスをいかに実施しているのか（社会的サービス）、地元の問題や要求をいかに教育内容に取り入れているのか

---

(49)「地方大の経済効果400億円超　文科省が試算」『読売新聞』2007年5月27日、朝刊2面。

（教育価値の形成）といった、大学の主な地域的な機能が挙げられるが、これらの機能について、国立大学はどのように意識して戦略的に取り組んでいるのだろうか。社会に対する説明責任を果たす上でも、自身による調査データを定期的にまとめて、ホーム・ページなどを通じて公開することが望ましい。また、これらの機能において、必ずしもローカル（地元）に特化すればよいという安易な解決もないはずである。全国的な視野を十分に意識しつつも、地元志向の独自性も堅持する、そのようなバランス・シートが、国立大学の様々な在り方にもとめられていると思われる。私立大学の場合、大学の経営という観点もあって、卒業生ら同窓会と歴史的な結びつきがつよい傾向がみられる。いっぽう、法人化以前の国立大学は、学生の卒業後への意識は基本的に希薄であったと想像される。卒業生ら同窓会を通じて、寄附金の要請や大学関係事業の支援協力などの狙いがあるが、学生の経験を有する卒業生らから大学の改善への糸口を得られる[50]のではないか。

　国立大学法人化後の大学運営において、従前の学部教授会による部局自治の重視から、役員会（大学執行部）を中心とした管理運営システムに移行していく流れが顕著にみられる[51]のも特徴である。大学全体の戦略や基本方針などは、大学の役員会で審議・採択するのが妥当といえるが、部局教授会との関係性については、むしろ両者（本部と部局）が相応に緊張関係にあり、相互にチェック機能を果たし、その対立の意味や立場を明確にした上で、いったいなにが、どのような目的で、いかに選択志向されるのか、などを相互に確認できるように配慮するべきであり、大学・高等教育の方向性や全体構造の理解を共有する姿勢が前提になければ、いかなる管理運営も十分に円滑には機能しないはずであろう。

---

(50) たとえば、2011年11月に設立された金沢大学学友会は、従来から存在した基幹同窓会に、新たに職域・地域・学寮・サークル等での卒業生同窓会を登録同窓会として組織に加え、全学同窓会ネットワークとして構築される。国内外のさまざまな分野等で活躍する卒業生と在学生・教職員らの相互交流をとおして、金沢大学と社会の発展に貢献寄与することをその目的としている。

(51) 「特集＊大学崩壊」『現代思想』2014年10月、青土社、28〜235頁、等参照。

終　章

第1節　本書の要約

　終章では、まず第1章から第4章までの本書各章の要約を行い、本書内容の総括にかえたい。

　第1章は、明治期の高等中学校の設置過程を、城下町から近代都市へと移行する金沢の事例から考察した。1872（明治5）年の「学制」公布から1886（明治19）年の「学校令」までの間、金沢中学校（政治学・法科・理科・業科・文科）の設置、廃止と、度重なる学校の変遷を経て、石川県専門学校（法学科・理学科・文学科）へと、不安定な県の財政事情や唐突な国家政策の要請も受けながら、地元金沢でなんとか自力で専門教育・高等教育を行うとする苦難の選択を決断した。県の専門学校は、当時としては専門的な洋書テキストを使用するなど、「大学」にも準ずる程度の教育水準を志向したといわれているが、東京大学をはじめとした中央への優秀な人材を輩出するルート（立身処世ノ道）がいまだ未整備であり、県専門学校の廃校危機もあって、その打開策を地元では待望していたものと思われる。1886年に制定された高等中学校制度は、本科と医学部（医・薬学科）を併せもち、本科は卒業後基本的に帝国大学への進学を保証されている、高等教育・専門教育を志向する石川県としてはこのうえない県専門学校及び医学校の代替機関を獲得できたのである。

　森文政下、高等中学校の設置区域である第四区内において、新潟県は東京の第一高等中学校への進学を優先的に考えているので、福井県も京都の第三高等中学校への進学を主として希望するので、それぞれ担当設置区域の変更を申し出たいなどと、各地域間の議論はまとまらなかった。岩村県知事をはじめとする県の執行部は、石川県の専門学校や医学校が廃校となる段階を迎え、大きな選択判断を迫られる。県下の有望な学生を恒常的に養成していく

方策として、尋常中学校の普及を当面手堅く目指していくのか、それとも全国でも僅かな高等中学校を金沢に設置することを目指すのかで、後者を決断した。しかし、第四高等中学校を金沢に誘致するためには、約12万円の設置費用が必要条件とされ、それを旧藩主である前田侯や地元有志者らの寄附金で負担したのである。県の官吏・教員に対して月給1ヶ月分以上の義捐金を、他府県へ異動している県となんらかの縁故者に対しても相応の義捐金を、県内各郡区で集会を催し有志者からの義捐金を、地元において自主的な形で徴収し、県費負担を主とする京都や熊本などの設置区域とは異なり、高等中学校の設置費用を寄附金ですべて準備することができたのである。

　第2章は、大正期における高等教育機関の設置について、北陸帝国大学構想や金沢高等工業学校の誘致から考察した。1900年以降、県内には中学校が4つあり、それにともない高等教育への進学要求も高揚した。金沢医学専門学校、第四高等学校などの教育機関もすでに存在したが、地元では帝国大学の誘致を期待したのである。地元選出の衆議院議員である戸水寛人は、1911年1月「北陸帝国大学」設立の建議案を帝国議会に提出する。東京・京都・東北（仙台）・九州（福岡）と帝国大学が設置されているが、いまだ全国的にみれば十分な数ではない。とくに、北陸地域は「風俗モ醇朴デアリ且天然ノ風景モ好ク、学生ガ静カニ学問ヲスルニハ甚ダ適当ナ場所」と認められ、帝国大学を設置するには相応しい場所である。戦前期を通して、「北陸帝国大学」の設置案は繰り返し提出されたが、そのたびに建議案は可決了承され、その結果実際の予算執行は見送られる。地元の要望はありながらも、国策上の必要性・緊急性と一致または妥協をみることなく、その実現は果たされなかった。しかし、帝国大学が金沢に存在しないことが逆な意味で、金沢高等工業学校の誘致へとつながり、地元の官立高等教育機関の誘致熱を高揚させ、地域社会の結束を強化させる源泉となったのではないかと思われる。

　東京職工学校が東京工業学校に改称されるよりも前に存在した石川県立工業学校は、数学・理化学・技術系の専門知識に関する授業が全体の1割程度で、美術家・工芸職人を対象とした伝統工芸中心の学科目編成であった。卒業生の進路も、4分の1は家業・実業といった自営業に就き、民間の工場に

就職するものは1割ほどで、規模の大きい工場で働くものも少なかった。県立工業学校は、欧米諸国からの近代技術の移植・移入をはかるといった一定程度の役割は果たしたが、地域産業の近代化をいっそう促進・展開させるだけの教育機関とはいえなかった。県立工業学校をなんとか官立の高等工業学校へ拡充させたいと、地元ではその機運が醸成していくことになる。高度な専門教育を教授する高等工業学校を北陸の金沢に設置することは、第四高等学校や金沢医学専門学校以外に、増加する中学校卒業生らにとって地元進学機会の拡大につながるものであった。輸出羽二重などの地元産業界にとっても、高等工業学校の設置に「現下時運の要求に鑑み新産業の勃興を策さむ」という大きな期待がよせられた。広島や横浜など有力視された他都市と競合してまで、高等工業学校の誘致を金沢に獲得しようと地元では画策する。県・市の行政関係者や地元選出の代議士らなどは「何等かのみやげを握取せざれば帰来せざる」といった覚悟で文部当局者と執拗な交渉を行ったが、もしも誘致に失敗するようなことがあれば、謝罪を要求し、代議士らには今後絶対に投票しないという県民の気概と覚悟がそれを後押ししたものといえよう。1916年8月、広島と横浜の他、土地・建物を含め設置費用約80万円を地元で用意することが可能と判断され、金沢に高等工業学校が設置される。地元の寄附金は75万円、その内訳は石川県が22万円、金沢市が13万円、個人寄附40万円（前田侯爵20万円・横山章10万円他）であった。

　第3章は、戦時体制の高等教育機関設置の過程について、金沢医科大学臨時附属医学専門部の設置や金沢高等工業学校の拡充、金沢高等師範学校の設置から考察をした。1937年に生じた日中戦争が長期化していくにともなって、国策＝戦時総動員体制への移行が次第にはかられていく。1939年のノモンハン事件勃発によって、軍医の充足確保と軍装備の近代化（機械化・火砲の強化・化学兵器の研究）が課題視された。軍需工業の発展、工業技術者の需要増大にともない、同年には7つの高等工業学校（室蘭・盛岡・多賀・大阪・宇部・新居浜・久留米）が新設される。いっぽう、全国的な医科への志願者減少を受けて、金沢医科大学では入学定員を1937年以降満たすことができず、学科試験免除の措置を講ずる有様であった。陸軍のつよい意向で、来るべき総

力戦に対応して「国防並国民体資増強」のため、また「大陸経営」のため、1942年に２万9000人、1944年には５万1000人の軍医養成が必要とされたのである。1939年２月、文部省より７帝国大学（東京・京都・東北・九州・北海道・大阪・名古屋）と６医科大学（新潟・岡山・千葉・金沢・長崎・熊本）に対して、中等学校卒業者を対象とする実践的な臨時附属医学専門部（４年制）を設置するように通達された。金沢医科大でも、石坂伸吉学長が文部省よりの一報を困惑しながら受け、医学教育の低下を懸念しながらも、「軍部の計画」の遂行という名目上受け入れざるをえなかった。同年５月に設置された臨時附属医学専門部に対して、1940年度の必要経費はまったく計上されなかった。軍部の意向を追認する方向で、臨時附属医学専門部は設置されるが、国家財源上、大蔵省が「追加予算・新規予算は承認せず」という姿勢を堅持したためである。その結果、当該大学の校舎を利用して、当該大学の教員スタッフが兼務する形で授業を行わざるを得なかった。

　1940年４月、軍需の影響で技術労働者の就職雇用への人気が高揚し、いっぽうで中等教員の不足が懸念された。教育学者の細谷俊夫（当時、東京帝国大学講師）は、「特に数学理科系統の教員の払底が顕著となつてゐる。」と指摘し、臨時教員養成所の増設によって中等学校の理科教員不足の補給を行ってきたが、「これのみを以てしては未だその需要を充足することは不可能と見なければならない。」と注意を促している。この問題状況を打開していくために、新たな高等師範学校の設置がはかられた。教育審議会の答申では中等学校の教員は「大学卒業程度の者」をもって充てるとしたが、総動員体制の強化徹底が進行する中で「大学卒業者」の確保自体が難しいという判断であった。すでに金沢では、1925年２月の段階で、高等師範学校設置の建議が帝国議会へ提出されていた。人口10万人以上を有する金沢は、加越能三州の時代から文化の「発源地」として栄え、明治以降も北陸地方の中心として「品位実力」をもち、官立高等教育機関である高等師範学校を誘致する地としてみても、地勢上・文化上からも「他ノ追随ヲ許サザル」教育都市（学都）として最適であるとした。地元誘致の趣旨は相応に理解されながらも、実際の予算措置は、いまだ見送られた状態であった。そして1942年６月、金沢二中で日本中等教育理化学協会大会が開かれた。文部省督学官を務めていた倉林

源四郎（東京高等師範学校卒）の「中等学校理数科理科物象につきて」の講演などが催され、科学教育のさらなる振興が金沢大会で決議される。この折りに、倉林と東京高等師範学校以来の師弟関係である樫本竹治（第四高等学校教授）は、倉林らの情報から科学振興と中等教員養成の促進が急務とされた当時の文部政策動向をいち早く察知して、澤野金沢市長と田中石川県知事ら地元行政当局に高等師範学校誘致の見込みを伝えた。それを受けた澤野市長らは、上京して文部省に誘致の働きかけを執拗に行い、誘致活動を展開していた候補地の仙台や熊本などを先んじて、市内にある中村町国民学校の土地・建物を無償で国に速やかに提供することによって、高等師範学校の金沢誘致を獲得した。

　第4章では、戦後の地域社会において、多様な旧制高等教育機関がいったいどのように統合・昇格して新制の国立大学が設置されたのか、その地域社会における設置過程を、全国的な先駆けとなった「北陸総合大学構想」から考察してみた。1945年12月、石川県通常県会において、旧軍事施設であった野村練兵場（10万坪）を利用した北陸総合大学の設置が議論された。これを受けて、早速伊藤謹二県知事らが文部省へ陳情に赴き、北陸総合大学の誘致が開始されることになる。戦後直後から、全国に先駆けて総合大学設置の議論が叫ばれた背景には、戦前期からの北陸帝国大学設置運動の経緯蓄積があったからにほかならない。しかし、明治末期に戸水寛人らが帝国議会に提出した建議案などでは、地元の北陸帝国大学設置の要望は主張されたが、具体的な設置地域や大学の組織構成などを言及したものではなかった。金沢医科大学や第四高等学校を、「大学」の組織にいかに転換していくのかという具体的な議論にまでは到達していなかったといえよう。

　戦後の北陸総合大学構想は、「都市ノ表看板トシテ大学ガ欲シイノデハナイ。利権漁リノヤウニ大学ヲ誘致シテ、卑近ナ都市繁栄策ヲ図ラウトスルノデハナイ。モット根深、モット根本的ナモノカラ学問ト真理トヲ身近カニ求メヤウトスルノデアル。」（増本・県内務部長の弁）として、地元地域社会の文化復興にとって、根源的な意味合いを有するものと捉えられた。1947年10月に地元の北國毎日新聞社が金沢城址の利用に関する世論調査を実施したとこ

ろ、北陸総合大学47％・新制中学建設25％・レクリエーション施設19％という結果であり、世論が後押しする形で誘致が展開される。1946年6月、伊藤県知事を会長に、武谷市長・増本内務部長・林屋亀次郎県商工経済会頭が副会長となって、「北陸総合大学設置期成同盟会」を結成し、会事務所を県庁内に置いた。会の評議員として、地元の各学校・教育関係や地方官公署・都市会関係や各種団体・実業経済界などから多数が加わり、富山・福井両県知事や富山・高岡・福井・敦賀各市長並びに富山・福井両県商工経済会頭らも顧問として参画した。中央政策上、10総合大学のみが国内で官立（国立）として設置されるという状況ならば、富山・福井両県も北陸総合大学構想に賛同した。しかし、各県で1国立大学が設置可能であると政策変化が生ずれば、自県の国立大学設置へと動き出すのは当然なことであろう。

　北陸総合大学における学部構成の策定は、旧制高等教育機関の統合・昇格をいかに処理するのかという難題でもあった。石川軍政隊は、1947年8月、「個々の学校が単独に之〔運動〕をなすよりも各学校が一本になつて申請する方有利」ではないかとして、金沢城址を北陸総合大学の敷地として使用することの支持を表明する。当初、金沢工業専門学校や石川師範学校は単独で大学昇格を標榜していたが、1947年末頃になると単科大学昇格への可能性が低いことを両校とも痛感する。1948年1月、柴野県知事らが文部省に出頭して「北陸総合大学設立要項」を提出した。学部の構成は、文政・理・医・薬・工・教育・農・美術学部からなるとした。同年3月に、同上の計画案から美術・農の両学部を削除した、法文・教育・理・医・薬・工の6学部編成にするように文部省から示唆を受ける。同年6月、「北陸大学設置認可申請書」を正式に森戸文相に宛て、柴野県知事及び各学校長の連名をもって提出した。大学設置委員会が、新制大学申請書類の締切りを7月末日までと、各関係機関に通知した矢先のことであった。北陸総合大学構想には、旧制高等教育機関の統合にその理念的な基盤がみられ、地元地域社会に新しい総合大学を構築しようという意気込みや可能性を感じられるものであった。しかし、多様な旧制高等教育機関から、地域社会における1つの新制国立大学へと移行するにあたって、必要とされる教員スタッフの確保や施設の充実といった課題に直面したといえる。

終章　159

第2節　研究の成果

（1）第四高等中学校の設置について、北條時敬の日記や辻文部次官の学事巡視記録から誘致活動の詳細を明らかにすることができた。第四高等学校史の参考文献である『北の都に秋たけて——第四高等学校史——』（1972年）では、「加賀百万石の伝統からしても、もし高等中学校の一校が北陸方面に設置されるとなれば、金沢が第一候補に挙げられるのは当然とされた。」（23頁）と簡略に記されているだけで、1886年の高等中学校設置については5頁程度の記述で、出典資料もまったく示されていなかった。

　高等中学校の設置に至るまでの金沢の高等教育をめぐる歴史から、なぜ熱心に高等中学校の誘致活動に地元地域が尽力したのかを明らかにできたと考える。1872年の「学制」発布時には、全国八大学区の内で石川県は第三大学区の本部であり、いずれ「大学」が設置されることを地元では期待していた。しかし、翌年八大学区から七大学区へと制度変更があり、石川県は第二大学区に編入され、第二の大学区本部も愛知県であった。地元では、当初本部の大学校は金沢が最適であると歓喜していたが、その失望もまた大きかったであろう。さらに、1871年に東京の大学南校に準拠する程度の高い教育水準とされた金沢中学校を開校したが、翌年の県費運営による学校はいったん廃止するようにという政府の指示にしたがって、金沢中学校は閉校となった。さらに、金沢中学校の閉校後、私立の英学義塾や藩学校元資金による英仏学校と、専門教育機関を地元で設置・運営する方向を目指して、市内にあった諸機関の変遷を経て1881年、石川県専門学校の設置に至る。県専門学校は、金沢中学校同様に、専門的な洋書テキストを生徒らに貸し出して使用するなど、東京の「大学」に相当する「高尚な」教育を志向していたのである。地元金沢で、独自に専門教育・高等教育を実践していこうとする篤い地元の思い、教育熱というよりも、教育への志の高さが並々ならぬものであったと推測できる。それは、当時初等教育の普及徹底に終始していた国内の他地域では、比較にならないものであった。また、その一端は1874年の「興学ノ六弊ノ疑問」においても、「高尚学」を重視してきた歴史や経験を文部省

に顕示したことからもうかがえる。

　1886年の「中学校令」の制定によって、県専門学校及び医学校の廃校をなんとか阻止したいとして、第四高等中学校の誘致へ地元では動き出すことになった。国家政策や財政事情に翻弄されながら、政府との葛藤や従属の過程を通して、地元地域社会における高等教育機会存続のための努力を執拗に続けた結果、第四高等中学校（本部及び医学部医科及び医学部薬学科）を設置することができたのである。

　（2）『金沢大学工学部50年史』（1970年）では、高等工業学校の誘致活動について、十分にその実態を把握できなかったが、この時期に世論を喚起する地元新聞『北國新聞』や『加越能時報』などを悉皆調査することによって、広島や横浜との候補地争いや内定後の市内敷地候補地の検討など、新たに明らかにすることができた。1912年の第28回帝国議会貴族院に、戸水寛人（石川県出身、法学博士）が「金沢高等工業学校」設置に関する建議を提出するが、同会同院に鷲田土三郎が「福井県高等工業学校」設置に関する建議を提出したため、「一時に北陸に二箇所の専門学校を建設することは財政上許すべくもあらず」と、福井と石川という同じ北陸地域内の高等工業学校設置をめぐる誘致合戦が展開されたのである。

　この時期、高等工業学校をなぜ金沢に設置しなければならないと地元では考えたのであろうか。1911年11月の『加越能時報』第236号に、清水澄（石川県出身、法学博士）が「教育の興亡は其地方の産業の振不振に大なる関係あり」と指摘して、地域の教育力を向上させるため、北陸大学（理・工・農科）の設置を提唱している。1889年に移管改組されてできた石川県立工業学校は日本最初の工業学校であったが、地域産業の構造変化までもたらす革新的な学校ではなかった。美術工芸に傾斜していた県立工業学校とは異なり、「現下時運の要求に鑑み新産業の勃興を策さむ」（1923年、県知事開校祝辞）という地元の篤い期待が、金沢高等工業学校の設置によせられたのである。それを裏付けるのが、1924年5月の開校記念式典での青戸信賢校長の演説であった。高等工業学校と実業社会との密接な関係性について、「県市の諸工場では吾校の為め出来る丈け開放せられて…それと同時に、吾校も出来得る限り

開放致しますから…実業方面と我校とが連絡を保つことが出来たら、吾校の社会化方針も充分に行はれ、同時に諸君が吾校設立に御努力になつた御趣旨も徹底すること」ということであった。

（３）1939年５月に、７帝国大学（東京・京都・東北・九州・北海道・大阪・名古屋）及び金沢医科大学をはじめとする６医科大学（新潟・岡山・千葉・金沢・長崎・熊本）に突然設置されることになった臨時附属医学専門部は、「ノモンハン事件」以後、対ソ戦を意識した陸軍省の意向（３千人の新規医師を要請）をつよく受けたものであることを確認した。1918年の「大学令」の制定を受けて、金沢医科大学は1923年に設置されるが、医学専門学校からの大学昇格であり、問題となっていた「医学教育の一元化」がこれによってはかられ、医学教育は専門学校ではなく、大学教育で行うとされたのである。ところが、軍部からの医学専門部設置の要請は、医学教育の一元化を損ない、医学教育の低下を懸念する声も挙がったが、「軍部の計画」の遂行という名目で事態を受け容れざるをえなかったのである。加えて、大蔵省が「追加予算・新規予算は承認せず」という姿勢を固持したため、金沢医科大学が当該校舎を利用して、大学の教職員が兼務するよりほかはなかった。

　また時局の進展にともなって、中等学校の理科教員不足が懸念され、新たな高等師範学校の設置がはかられた。1940年の教育審議会の答申では、中等学校の教員は「大学卒業程度の者」をもって充てるとしたが、総動員体制の強化徹底が進行する中では「大学卒業者」の確保自体が難しく、加えて高等師範学校に比べ短期間での養成可能な「臨時教員養成所」の増設だけでは不十分と認識された結果、金沢高等師範学校（1944年）、岡崎高等師範学校（1945年）、広島女子高等師範学校（1945年）と増設されることになった。1944年３月、土地・建物を無償提供するという、金沢の行政当局の素早い働きかけもあって、金沢高等師範学校が設置されたことを明らかにした。戦後の学制改革時には、男女合わせて高等師範学校は７校あったが、地理的にみれば明らかに不均衡がみられる。金沢などに理数系教育を重視する歴史的な教育風土は存在したが、全国的にみて金沢や岡崎に、高等師範学校を設置しなければならない政策上の必然的な理由は見当たらない。いまだ残された不明な

点も多い。逆にいえば、官立の高等教育機関の設置にあたっては、当初から壮大なグランド・デザイン（国土計画）なるものが、たとえ政策主体の中に存在しても構想程度でしかなかったのであろうか。各地域社会の教育事情や学校誘致の活動などが、政策上の設置力学において重要であったと思われる。

　（4）北陸総合大学の設置認可申請書（1948年5月）が、他地域に先駆けて2ヶ月も前に文部省へ提出されたことは、他の国立大学の設置と比較してみると象徴的である。地域社会の側から、積極的に働きかけたボトム・アップの側面が金沢では顕著であったといえる。後発の帝国大学をはじめ官立の高等教育機関は、近代以降の金沢にみるとおり、敷地・建物・設置費用を地域社会から自主的に提供する形で設置されていったのである。結果として、自立した公立の高等教育機関の設置を抑え、国家における教育体制（国家・地域・個人のもたれ合い構造）を維持・安定させたのではないかと思われる。近代以降の金沢にみる官立高等教育機関の設置過程を概観すると、中央当局の政策的な判断は時に唐突で専制的であり、時に流動的で不透明なため、地元地域や学校側をしばしば困惑させたといえる。国家政策に翻弄されながらもなお、官立高等教育機関の設置を標榜して誘致活動を展開していくのである。とくに、第四高等中学校、金沢高等工業学校、北陸総合大学（後に、金沢大学）の設置は、まさに地域社会の側から主体的に働きかけて誘致した高等教育機関であり、地域社会において繰り広げられた高等教育を希求した努力と苦闘の歴史である。官立の高等教育機関の設置にあたって、地元の地域社会が設置費用や敷地・建物も含めて自主的に国に提供するという慣習は、後発国家として近代化を進めた日本的なものではないだろうか。設置主体と設置費用の負担は、本来明確に区別されているものである。官立であれば、設置主体は国となり、それゆえ本来設置費用等は、国が相当額を負担すべきものである。ここに、設置者と実際の設置費用の負担者との乖離が生じるというのが、日本的ではないかと思われる。加えて、設置費用の負担を国から一方的に強制された結果というよりも、地元の地域社会から率先して自主的に寄附提供するのである。そればかりか、そのような自己負担をともなう行為を

前提として、官立高等教育機関の誘致活動を熱狂的に展開していくのであった。地元関係者らは、第四高等中学校、金沢高等工業学校、北陸総合大学の事例をみても明らかなとおり、出身子弟の教育機会の保証、地域産業・地域文化の発展向上、地元の文化的威信・象徴の獲得を期待して、官立高等教育機関の誘致活動を展開していったといえる。そこには、一貫して地域社会の高等教育への信頼、大きな期待というものがうかがえ、それが「学都」という歴史的に形成された意識と少なからず関係しているのであろう。

第3節　今後の課題——研究の可能性——

（1）誘致主体と誘致活動の背景

　官立高等教育機関の設置は、各地の地域社会からの誘致活動を前提としながら、実施展開されたものであったといえる。とくに近代以降の金沢では、明治期の第四高等中学校の誘致をはじめとして、「学都」（学問及び教育の中核都市＝高等教育機関の集積）の様相が顕著にみられた。ではなぜ、高等中学校をはじめ官立高等教育機関の誘致に、地元地域社会は執拗に固執したのであろうか。この点を、さらに詳細に各個人レヴェルで解明していくことが重要である。そのためには、第四高等中学校、金沢高等工業学校、金沢高等師範学校、北陸総合大学といった、近代以降の金沢にみる官立高等教育機関の誘致にかかわった主要人物らの「言説」分析（精神史研究）を、彼らの回想記や日記、演説や原稿などを手がかりとしながら、より精緻に分析検討しておくことが課題であろう。城下町から近代都市への移行を経験した金沢では、その後も産業化や国家総動員体制の時代を迎える中でも、都市発展・維持のために、それぞれの時代・社会情勢に向き合おうとする地域社会に生きた地元有志者らの志向が、官立高等教育機関の誘致の根底にあったのではないだろうか[1]。

（1）　渡辺尚志編『近代移行期の名望家と地域・国家』2006年、名著出版。渡辺は、「地方利益誘導は、国家や政党への依存傾向を生み、また地域間対立を拡大させる傾向があるとしても、確実に地域社会全体を豊かにする側面を有したのであり、それを主導した地方名望家自身の人生経験とそれを要請した地域社会の実情との双方をふまえて、この問題を複合的に位置づける必要があろう。」（同上書、639頁）と指摘している。

歴史社会学研究者の山田浩之は、戦前期の高等商業学校誘致の分析を通して、「複数の高等教育機関のある都市は他の都市よりも優れているという意識」[2]が存在し、「学校の存在によって各地方都市の近代化が測定できると考えられた」[3]と問題提起している。山田の指摘には、基本的に筆者も同感するところが大きい。近代以降の金沢をみる限り、官立の高等教育機関の集積が、地域社会にとって高等教育機関が数少ない他地域に比べ、教育・文化水準が高いと考えられたことは間違いないであろう。しかし、単なる地域社会の優越や誇示からの思いだけで、敷地・建物・設置費用を自主的に提供することを厭わない、官立高等教育機関の誘致活動を積極的に展開していったとは思えない。山田の指摘は総論としては的を得ているものと思われるが、地域事例を通してもっと精緻な分析を続けていくことが必要であろう。

（2）他都市との比較分析

　金沢と同様に、「学都」を歴史的に標榜する他の地域ではどのような様相なのであろうか。仙台・熊本・岡山など、城下町から近代都市への移行をはかった他都市との比較分析も有効で興味深い研究ではないかと思われる。都市の重層的な編成過程を、多様な方法論を用いて明らかにしようという志向が、最近の近代史研究では傾向としてみられる。たとえば、鈴木博之・石山修武・伊藤毅・山岸常人編『シリーズ　都市・建築・歴史』全10巻（2005～2006年、東京大学出版会）は、古代から現在までの日本都市建築史の最新知見をまとめたものであり、山室信一編『岩波講座　「帝国」日本の学知』第8巻（空間形成と世界認識）（2006年、岩波書店）は、国民国家から帝国へと変貌を遂げる近代日本の空間認識を解明しようと試みたものである。

　1899年8月の雑誌『仙台』第7号（東北大学史料館所蔵）には、仙台に東北帝国大学を誘致する利点について、次のように端的に明示している。「（一）学資支給上の欠点を省略する事　（二）東北の学事を振起する事　（三）国家

（2）山田浩之「高等商業学校におけるビジネスマン養成——戦前期日本の地方都市における高等教育機関の社会的機能——」望田幸男・広田照幸編『実業世界の教育社会史』2004年、昭和堂、137頁。
（3）同上書、137頁。

終章　165

人材育成を平均にする事　（四）東北の富源開発に一大関係ある事　（五）間接に土地の富力を増進する事」（同上書、2〜3頁）。同号では、従前政府が「東北に与へたる恩恵」は不十分なものであり、「奥羽列藩の旧侯伯」も「その意背を過まりしが為に多くは家を破り産を墜し自家の経営すら猶且困難なるに如何でか其奮管下の人民を保護して以て利益を与ふるに暇あらむや」とし、いまこそ宮城県人士は「往々奮ふて自ら巨額の費用を投じ学校を興し学生を養成し其俊英を洋行せしむる等育英養賢の道に於て蓋し力を尽さざる処なく」といった「九州諸侯」のように、帝大誘致に奮発奮起すべきだと、九州と東北を実際に比較しながら持論を展開している（同上書、1〜2頁）。

　また先日、筆者が古書店より入手した中国総合大学設立期成会『国立総合大学岡山設置計画書』（縦25.5cm×横18cm、活版印刷物、1948年2月ころ作成し配布されたものか）をみると、戦後の岡山でも官・民挙げての「中国総合大学」構想が掲げられていたことがわかる。その冒頭には、「国立総合大学を岡山に設置すべき理由」が挙げられている。「幾多の大学者、大教育家、大宗教家、大芸術家、大政治家の努力により、いわゆる吉備文化と称せられる固有で優秀な文化が発達して日本の文化をリードした、特に近世徳川幕府下の全国諸侯中第一の名君とうたわれた池田光政の治策のよろしきを得て…文豪井原西鶴は『教育の普及徹底せること岡山藩は天下一なり』と賛嘆させた」[4]とし、吉備文化の伝統を強調している。さらに、第六高等学校が広島でなく岡山に設置された背景にあるとおり、「純粋な文教的見地より配置されたものであつて、その後の軍国主義に便乗して各県に濫立された諸学校とは性格においても、実績においても全く趣を異にしている。」[5]と、「学都」としての環境がきわめて良好であると主張した。金沢の北陸総合大学構想と岡山の中国総合大学構想とを比べてみると、城下町としての歴史や教育文化の継承といった基本的な論理展開は共通である。しかしながら、岡山の場合は、隣接する広島と比較し、ことさら差別化をはかり、「中国、四国の各県は、その一部を除けば、広島市に往くよりも岡山市に往く方が遥かに便利であ

(4) 中国総合大学設立期成会『国立総合大学岡山設置計画書』2頁。
(5) 同上書、3頁。

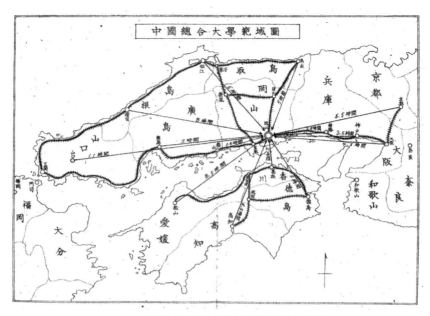

「中国総合大学範域図」『国立総合大学岡山設置計画書』巻末

る。」[6]と地の利があり、隣接する他県からみても岡山こそが中国地域の中心地であることを強調している。いっぽう、金沢の北陸総合大学構想は、隣接する富山・福井両県を含む形は明らかであったが、北陸内の他地域への意識や配慮、連携協力などの点は基本的に希薄ないし皆無であったのではないかと思われる。この点も含め、地域横断的な比較分析が必要である[7]。

（6）同上書、7頁。
（7）神立春樹『明治高等教育制度史論』2005年、御茶の水書房。

事項索引

あ 行

育英社……………………………… 54, 61
石川軍政隊………… 132, 135, 138, 144, 158
石川県甲種医学校………38-40, 52, 153, 160
石川県師範学校………29, 35, 39, 40, 62, 114
石川県専門学校 8, 31, 32, 34-36, 38-40, 49,
　52, 74, 153, 159, 160
石川県立工業学校……17, 62, 68-71, 73-75,
　82, 114, 154, 155, 160
石川師範学校……27, 119, 132, 135-141, 158
石川青年師範学校…………27, 136, 138-141
裏日本……………7, 12, 25, 116, 132, 139
エンサイクロペデイア・ブリタニカ……39

か 行

学都…… i , 8, 14-17, 19, 21, 22, 26, 27, 72,
　114, 116, 117, 132, 139, 156, 163-165
学歴貴族……………………………………55
学校教育法………………………… 124, 125
金沢医学専門学校……16, 17, 51, 54, 57, 58,
　60, 82, 84-87, 102, 154, 155, 161
金沢医科大学…15, 25, 27, 54, 62, 85, 87, 88,
　90, 99-103, 110, 114, 123, 130, 131, 134,
　135, 138-141, 147, 148, 155-157, 161
金沢医科大学附属薬学専門部… 27, 86, 87,
　90, 103, 135, 136, 138-141
金沢工業会………………………… 83, 84
金沢工業専門学校………… 15, 25, 27, 104,
　135-141, 158
金沢高等工業学校……… 15, 17, 62, 63, 72,
　75-77, 79, 80, 82, 83, 89, 90, 99, 103-106,
　109, 110, 114, 154, 155, 160, 162, 163

金沢高等師範学校………15, 17, 25, 27, 111,
　117-120, 135, 138-141, 155, 157, 161, 163
金沢大学… i , ii , 8, 14, 16, 17, 19, 25, 26,
　43, 87, 99, 104, 105, 118, 119, 129-132,
　134-138, 140-142, 145-148, 151, 160, 162
金沢中学校………… 22, 29-31, 35, 153, 159
久徴館………………………………24, 41, 54
教育基本法………………………………… 3
教育宝くじ………………………………26
金属回収令………………………… 96-98
軍都…………………………15, 19, 21, 128
興学六弊………………………… 30, 31, 159
高等学校令………………………… 54, 57
高等教育機関…i , 2 -12, 14-17, 19-21, 27,
　51, 54, 57, 61, 63, 70, 71, 74, 85, 86, 88, 90,
　91, 114, 117, 122, 123, 125, 127, 138, 142,
　144-147, 154-158, 162-164
高等普通教育………………………………… 2
国土計画… 116, 117, 123-128, 132, 139, 162
国防国家…………5, 104, 105, 109, 116, 117
国立学校設置法………………… 121, 123, 124
国立大学法人化… i , 8, 17, 121, 122, 145,
　148-151
国家総動員…………… 17, 25, 95, 107, 112,
　155, 156, 161, 163

さ 行

師範学校令………………………… 111
師範教育令………………………… 111
諸学校通則…………… 36, 38, 45, 51
殖産興業…………………12, 63, 70
新中間層………………………… 9
設置過程… i , 5, 7, 12, 14-17, 19, 35, 57,

63, 71, 90, 91, 111, 121-123, 138, 147, 148,
153, 155, 157, 162

戦時体制……… 17, 91, 95-97, 103, 104, 155

1880年代教育史研究会…………… ii , 14, 16

専門学校令………………………86

専門教育… 2，3，15, 31, 32, 34, 35, 51, 53,
55, 57, 73, 75, 85, 90, 109, 131, 146, 153,
155, 159

た　行

大学基準協会………………… 122, 124, 126

大学昇格… 2，17, 54, 58, 60, 62, 84, 85, 88,
90, 102, 109, 110, 123, 125, 135-139, 157,
158, 161

大学予備教育…………………………… 2

大学予備門……………………… 32, 35

大学令…… 54, 84, 85, 90, 102, 121, 147, 161

第九師団…………………… 15, 16, 19, 95

第四高等学校… 8, 15, 16, 19, 22, 25, 27, 36,
51, 54, 55, 57, 60, 62, 73, 78, 82, 90, 96-99,
111, 114, 115, 118, 119, 123, 130, 133-136,
138-142, 154, 155, 157, 159

第四高等中学校… 11, 12, 14-16, 19, 21, 27,
28, 34, 35, 37-40, 43, 48-53, 57, 60, 63, 74,
129, 145, 154, 159, 160, 162, 163

第四高等中学校区域委員会…43, 44, 46, 48,
49

地域格差…………………………12, 122

地域社会…… 5-7, 10, 12-15, 17, 21, 28, 35,
37, 55, 59, 63, 82, 85, 90, 91, 95, 97, 117,
123, 124, 127, 128, 131, 134, 144-146, 148-
150, 154, 157, 158, 160, 162-164

地域配置………………………… 7，9

中学校令… 14, 15, 35, 36, 43, 46, 49, 51, 160

帝国議会… 9，40, 41, 57, 60, 61, 63, 75, 77,
90, 112, 113, 129, 154, 157, 160

帝国大学令…………………………84, 124, 147

都市化…………………………… 9，25

都市計画…………………………………58

な　行

ノモンハン事件……………… 100, 155, 161

は　行

北陸総合大学… 15, 17, 19, 25, 26, 116, 123,
125, 126, 128-135, 138, 139, 144-147, 157,
158, 162, 163, 165, 166

北陸大学…26, 58-62, 71, 131, 140, 145, 158,
160

北陸帝国大学… i , 17, 57, 60-63, 129, 147,
154, 157

ま　行

名望家………………………… 163

や　行

誘致………5-7, 9 -12, 15, 16, 21, 27, 35-37,
39, 42, 57, 58, 60, 62, 63, 71-73, 77-79, 81,
83-86, 90, 106, 109, 113-117, 123, 129,
131, 144, 154-160, 162-165

輸出羽二重……… 64, 66, 73, 75, 76, 78, 155

ら　行

臨時附属医学専門部…… 17, 100, 102, 103,
155, 156, 161

人物索引

あ 行

赤祖父一知……………………………52
阿部恒久……………………………7，12
天野郁男……………………2，32，146
磯田道史……………………………33
板垣英治…………………………8，32，34
伊藤彰浩……………………5，7，9，10，85
伊藤謹二……………25，129-131，157，158
井上毅………………………………54
井上好人……………………………33
彌永昌吉…………………………110
岩村高俊………………36，38，39，153
江森一郎……………………ⅱ，27，68
大久保英哲…………………………ⅱ，137
奥田晴樹……………………………28，54
折田彦一……………………………36

か 行

海後宗臣………………3，54，84，122，147
樫本竹治………… 111，115，118-120，157
加藤恒………………………………31
河瀬貫一郎………………36，41，45
神立春樹………………8，11，52，54，166
神辺靖光……………………ⅱ，28，29
胡国勇………………………………68-70
小宮山道夫…………………………ⅱ，14

さ 行

佐藤秀夫……………………6，7，28，123
篠崎五郎………………12，38，42，45
柴野和喜夫………………139-141，158
清水澄………………………………61，160

か 行（つづき）

清水義弘……………………………124，146
鈴木庫三……………………104，105，116

た 行

高橋順太郎…………………………22-24
高峰譲吉……………………………58
竹内洋………………………………55
武谷甚太郎………………25，130，131，158
田中智子……………………………ⅱ，14
谷本宗生………………2-4，8，25，52
辻新次…………………………29，36，40，159
津田米次郎…………………………64，65
寺﨑昌男…………………………122
戸水寛人……23-25，60-62，75，76，129，154，157，160
外山正一……………………………41，42

な 行

中川元………………………………37，38
中野実………………………4，84，121
中橋徳五郎……………………24，25，77
中村隆文……………………………7，10
中屋彦十郎…………………………39
西田幾多郎……………………31，32，36
納富介次郎…………………………68

は 行

長谷川泰……………………………40
羽田貴史………4，5，26，121，123，124，127
羽場究………………………………119
林屋亀次郎………………25，131，158
ハンス・マーティン・クレーマ……7，13
久田督………………………………23，69

土方苑子…………………………… 1，21

福地重孝…………………………………33

藤原良毅…………………………… 7，9

船寄俊雄……………………………… 4

古畑徹………………………… 103，148

北條時敬…………………22，23，36，159

細谷俊夫………………… 100，111，156

ま　行

前田利為………………… 80，90，155

前田利嗣…………………………39，154

正岡子規…………………………………22

真館貞造………………… 36，45，47，48

溝淵進馬……………………… 78，98

宮本武之輔………………………… 109

三好信浩………………………… 68，69

本康宏史…………………15，16，21

森有礼…… ⅰ，4，35，39，41，42，48，54，60，
129，153

森下森八………………………… 39-41

や　行

山田浩之…………………………… 4，21，164

山本良吉…………………………………63

横山章…………………64，76-78，80，90，155

横山隆興…………………………………64

米田俊彦…………………1-3，5，107，112

著者略歴

谷本宗生（たにもと・むねお）

1966年生まれ。下関市出身。
1990年　中央大学文学部哲学科教育学専攻卒業。
1997年　日本大学大学院文学研究科教育学専攻博士後期課程満期退学。
2007年　金沢大学にて博士（学術）。
現　在　大東文化大学特任准教授（大東文化歴史資料館）。

主要著書

「東京大学史史料室」（小川千代子ほか『アーカイブを学ぶ』2007年、岩田書院所収）。
「教育学部前史（文学部教育学科）」「教育学部の創設、戦後の教育学部」（『東京大学教育学部六十年史』2011年所収）。
「文教、医学・医療のまちへ」（『写真で綴る「文の京」歴史と文化のまち』（文京区制70周年記念）2017年所収）。

学都金沢形成の様相
──近代日本官立高等教育機関の設置過程──

2018年2月1日　初版第1刷発行

著　　者	谷　本　宗　生
発　行　者	阿　部　成　一

〒162-0041　東京都新宿区早稲田鶴巻町514番地

発行所　　　株式会社　成文堂

電話03（3203）9201㈹　FAX03（3203）9206
http://www.seibundoh.co.jp

印刷　藤原印刷　　　　　　　　　　　　製本　弘伸製本
©2018 M. Tanimoto　　　　　　　　　printed in japan
☆乱丁・落丁本はお取替えいたします☆　検印省略
ISBN978-4-7923-6111-2　C3037

定価（本体4,200円＋税）